بسم الله الرحمن الرحيم

الرقابة المالية
في النظام الاقتصادي الإسلامي

المملكة الأردنية الهاشمية
رقم الإيداع لدى دائرة المكتبة الوطنية
(2009 / 7 / 3096)

277.52
* عبد الرحيم، بسام
* الرقابة المالية في النظام الاقتصادي الإسلامي / بسام عوض عبد الرحيم.
عمان : دار الحامد ، 2009 .
( ) ص .
* ر. أ. : (3096 / 7 / 2009) .
* الواصفات : /الاقتصاد الإسلامي// الرقابة المالية/

- أعدت دائرة المكتبة الوطنية بيانات الفهرسة والتصنيف الأولية .
- يتحمل المؤلف كامل المسؤولية القانونية عن محتوى مصنفه ولا يعبّر هذا المصنف عن رأي دائرة المكتبة الوطنية أو أي جهة حكومية أخرى.

* (ردمك) ISBN 978-9957-32-466-7

دار الحامد للنشر والتوزيع

شفا بدران - شارع العرب مقابل جامعة العلوم التطبيقية
هاتف: 5231081 -00962 فاكس : 5235594 -00962
ص.ب . (366) الرمز البريدي : (11941) عمان - الأردن

Site : www.daralhamed.net
E-mail : info@daralhamed.net
E-mail : daralhamed@yahoo.com
E-mail : dar_alhamed@hotmail.com

الرقابة المالية

في

النظام الاقتصادي الإسلامي

الدكتور

بسام عوض عبد الرحيم عياصرة

الطبعة الأولى

1431هـ - 2010م

الإهداء

... إلى روح والديَّ الحبيبين في الملأ الأعلى

(رَبِّ ارْحَمْهُمَا كَمَا رَبَّيَانِي صَغِيرًا)   سورة الإسراء من آية 23

... إلى زوجتي الوفية - ابنة المليون ونصف المليون شهيد -والتي حملت معي هموم الحياة، فكانت نعــم العــون لي في كل ملمة، وخير سلوان في كل محنة.

... إلى قرة العين أبنائي (معاذ – أنس – شهد).

... إلى أخوتي وأخواتي وأبنائهم وأزواجهم، لهم مني كل المحبة والوفاء.

... إلى العاملين لنصرة هذا الدين ورفع راية الحق.

أقدم ثمرة هذا الجهد المتواضع

المحتويات

10 الرقابة المالية في النظام الاقتصادي الإسلامي

أولاً: رقابة الأفراد على المال العام في الاقتصاد الإسلامي 153
الفرع الثاني: الرقابة التنفيذية على المال العام في الاقتصاد الإسلامي 162

الفصل الثالث

أجهزة الرقابة المالية في النظام الاقتصادي الإسلامي 165

المبحث الأول: دور الخليفة والوزير في الرقابة المالية في الاقتصاد الإسلامي 167
المطلب الأول: دور الخليفة في الرقابة المالية.. 170
المطلب الثاني: دور الوزير في الرقابة المالية 172
المبحث الثاني: دور الدواوين في الرقابة المالية في الاقتصاد الإسلامي 175
المطلب الثالث: أهم الدواوين المتخصصة في الرقابة المالية 180

مقدمة

الحمد لله حمداً يوافي نعمه، ويكافئ مزيده وأفضاله، والصلاة والسلام على أشرف المرسلين محمد صلى الله عليه وسلم وعلى آله وصحبه.

(رَبِّ اشْرَحْ لِي صَدْرِي (25) وَيَسِّرْ لِي أَمْرِي (26) وَاحْلُلْ عُقْدَةً) مِنْ لِسَانِي (27) يَفْقَهُوا قَوْلِي(28)) [سورة طه: 25-28].

(رَبَّنَا آتِنَا مِنْ لَدُنْكَ رَحْمَةً وَهَيِّئْ لَنَا مِنْ أَمْرِنَا رَشَدًا) [سورة الكهف: 10].

وبعد:

فإن الشريعة الربانية جاءت بأحكام خالدة، لتحقق مصالح الإنسانية وتحافظ عليها، فكان من مقاصدها المحافظة على أموال الناس وممتلكاتهم، والتي بها قوام حياتهم وعمادها، لاسيما أن الله سبحانه جعل المال سبباً من أسباب السعادة في الدنيا والآخرة، قال تعالى:(الْمَالُ وَالْبَنُونَ زِينَةُ الْحَيَاةِ الدُّنْيَا وَالْبَاقِيَاتُ الصَّالِحَاتُ خَيْرٌ عِنْدَ رَبِّكَ ثَوَابًا)[سورة الكهف: 46].

نعم! إن المال زينة الحياة الدنيا ولكنه ليس قيمة، إنما القيمة الحقة للباقيات الصالحات من الأعمال والأقوال، فإذا كان المال زينة ينبغي أن لا يسيطر على قلب الإنسان لأنه أيضاً فتنة، قال تعالى: (وَاعْلَمُوا أَنَّمَا أَمْوَالُكُمْ وَأَوْلَادُكُمْ فِتْنَةٌ وَأَنَّ اللَّهَ عِنْدَهُ أَجْرٌ عَظِيمٌ)[سورة الأنفال: 28].

من أجل هذا جاء الإسلام منبهاً إلى فتنة المال، ومحذراً من سلطاته على النفوس، فإذا لم يكن الإنسان في يقظة من هذه الفتنة جرفه التيار، وغرق مع كثير من المسرفين، وصدق رسول الله صلى الله عليه وسلم وهو يحذر أمته من هذه الفتنة حيث يقول: "أخوف ما أخاف عليكم ما يخرج الله لكم من زهرة الدنيا، قالوا: وما زهرة الدنيا يا رسول الله؟ قال: بركات الأرض". وقال أيضاً: "إن لكل أمة فتنة وفتنة أمتي المال".

فالمال في مفهوم النظام الاقتصادي الإسلامي وسيلة للمعيشة وليس هدفاً للتعايش بين الناس، من هنا فإن الأموال العامة هي عصب حياة الدولة والوسيلة العملية في إدارة دفة الحكم وتنفيذ سياساتها في شتى مجالات الحياة، ولهذا اقتضى الأمر وجود رقابة فعّالة لحماية الأموال العامة من العبث والضياع، لاسيما أن المال الخاص الذي يمتلكه الفرد – وبدافع المصلحة الشخصية – فإنه يتصرف فيه بحكمة ورشد وعقلانية، خلافاً للمال العام الذي هو محل للطمع والجشع وخاصة عند ضعف الوازع الديني.

أهمية البحث:

تبرز لدينا أهمية البحث من خلال استعراض الأهداف التي سوف يحققها – بإذن الله- والتي تتلخص بما يلي:

- إبراز التجسيد والواقعي للنظام الاقتصادي في مجال الرقابة المالية – من خلال عرضنا للشواهد النظرية والنماذج العملية المؤكدة سمو النظرة الإسلامية للمحافظة على المال العام والاهتمام به كأصل من الأصول الضرورية التي دعا الإسلام للمحافظة عليها.

- إبراز ذاتية النظام الاقتصادي الإسلامي وبيان مقدرته على العطاء الدائم خلال الأزمة المختلفة والمتعاقبة لحل المشكلات التي تعاني منها البشرية.

- يهدف إلى التعرف على الرقابة المالية في النظام الاقتصادي الإسلامي من حيث مفهومها، وتأصيل مشروعيتها، وتتبع تطورها، وبيان وسائلها وأجهزتها وأنواعها.

- إبراز الرقابة المالية في النظام الاقتصادي الإسلامي وتميزها عن سائر الأنظمة الرقابية المختلفة.

- يأتي البحث في سياق الإسهام في خدمة الاقتصاد الإسلامي تعبداً لله وطلباً لمرضاته.

أسباب اختيار الموضوع:

اعتناء الإسلام بالمال وما يتعلق به اعتناء ظاهر جليٌّ، يتضح من خلال تتبع النصوص الشرعية التي تحدثت عن المال إيراداً وإنفاقاً، وهو بحاجة إلى دراسات متواصلة تأصيلية تعين على جمع أطرافه وفهمه وإدراكه.

وقد أشار عليّ أهل الاختصاص[1] أن أكتب في موضوع الرقابة المالية في النظام الاقتصادي الإسلامي، والحقيقة انشرح صدري لهذا الموضوع وشعرت بارتياح ورغبة ملحة وشديدة لبحث وتتبع الرقابة المالية في النظام الاقتصادي الإسلامي.

وتتضح أهمية الكتابة في هذا الموضوع بالآتي:

أولاً: حب المال غريزة فطرية في الإنسان، وربما أدى به ذلك إلى تجاوز الحدود وارتكاب المحظور في سبيل تحصيله وجمعه أو إنفاقه، وهذا يدعو إلى إحكام الرقابة على دورة المال - وأخص بالذكر المال العام - لأن يؤدي دوره في حياة الناس، وأن لا يخرج استعماله عن القواعد الكلية العامة التي وضعها الإسلام، والتي تصب في نهاية المطاف إرضاء الله عز وجل وخدمة مجموعة الأمة.

ثانياً: المال هو قوام الحياة والمحافظة عليه هو محافظة على عصب الحياة الاقتصادية لأن به قوام المجتمع وبه تسود وعليه تقوم، ولهذا كان الحفاظ على الأموال أحد مقاصد الشريعة، وهذا لا يتأتى إلا بإحكام الرقابة عليه، فكانت هذه الدراسة استجلاء للرقابة المالية في النظام الاقتصادي الإسلامي، لاسيما أنها أثبتت فعاليتها وقدرتها لحماية المال العام من الهدر والضياع.

---

[1] صاحب المشورة فضيلة الدكتور فخري أبو صفية، أستاذ السياسة الشرعية في كلية الشريعة والدراسات الإسلامية بجامعة اليرموك، رئيس قسم الفقه سابقاً.

ثالثاً: الناظر إلى واقع العالم الإسلامي - بالرغم من تنوع خيراته وكثرة أمواله - يجـد أن غالبيـة سكانه يعيشـون حياة بائسة وتحت خطر الفقر، وذلك بسبب هـدر أمـوال الأمـة، والاعتـداء عليهـا دون رقابـة محكمـة، وخاصة في واقعنا المعاصر وهذا مصداق لحديث الرسول صلى الله عليه وسلم : "ليأتين على الناس زمان لا يبالي المرء بما أخذ المال من حلال أم من حرام".

الدراسات السابقة للموضوع:

الدراسات التي تعرضت لموضوع الرقابة المالية نادرة بالرغم من أهمية الموضوع، حيث عـثرت علـى دراستين:

الأولى: الرقابة المالية في الإسلام للدكتور عوف كفراوي.

الثانية: الرقابة المالية في الشريعة الإسلامية للأستاذ حسين ريان، وهي رسالة ماجستير من كلية الشريـعة في الجامعة الأردنية.

والدراستان تعرضتا لمختلف جوانب الرقابة المالية إلا أن الأمر لا يزال بحاجـة إلى مزيـد مـن الكتابـة فيه وإلى إيضاحه وبيانه بالأساليب المناسبة والعرض الملائـم، وخاصة مـن منظـور الاقتصاد الإسلامي، ودراستي هذه تأتي متممة للنقص في الدراسات السابقة وأحياناً مؤكدة لما جاء بها، وأحياناً أخرى مفصّلة لبعض المواضيع.

وأجد لزاماً أن أذكر بعض الكتب والمؤلفات والتي استفدت منها كثيراً في جمع المادة العلمية ولولاها ما خرج هذا البحث بهذه الصورة المرضية - إن شاء الله - فجزى الله أصحاب أقلامها خير الجزاء.

وأهم تلك الكتب:

- **كتاب الخراج:** للقاضي أبي يوسف صاحب الإمام أبي حنيفة واسمه يعقوب بن إبراهيم المتوفى سـنة ١٨٢هـ وكتاب الخراج هذا هو أول كتاب يصنف في النظام المالي في الإسلام، صنفه صاحبه بناء على اقتراح الخليفة العباسي هارون الرشيد - رحمه الله - كما أشار إلى ذلك في بداية كتابه.

تضمن الكتاب بياناً لموارد الدولة الإسلامية المالية من فيء، وغنيمة، وخراج، وجزية، وعشور، وصدقات، والطريقة المثلى لجبايتها، وتضمن أيضاً أحكام إحياء الموات وأحكام القطائع وزاد أموراً لا تتعلق بالنظام المالي كالإمارة على الجهاد وقتال أهل الردة والبغي وغيره.

- **كتاب الأموال:** للإمام أبي عبيد القاسم بن سلام المتوفى سنة 224هـ

لكتاب الأموال قيمة علمية لا تنكر، فهو خير ما ألَّف فيما يتعلق بالنظام المالي الإسلامي، فهو يمتاز - بالإضافة إلى احتوائه على النظام المالي في الإسلام - بكثرة الأحاديث المروية عن النبي صلى الله عليه وسلم والآثار المنقولة عن الصحابة والتابعين.

- **الأحكام السلطانية والولايات الدينية:** لأبي الحسن الماوردي المتوفى سنة 450 هـ
- **الأحكام السلطانية:** لأبي يعلى الفراء المتوفى سنة 458 هـ

والكتابان حويا في دفتيهما النظام السياسي والقضائي والإداري والمالي للدولة الإسلامية، ومن الطريف في هذين الكتابين أنهما متشابهان في الاسم ومتطابقان في المواضيع التي بحثت فيهما، ومتماثلان أيضاً في ترتيب تلك المواضيع، والتطابق يصل إلى أكثر من هذا، فإنك تجد عند أية دراسة لأي فصل من الكتابين تطابقاً وتماثلاً في العبارة، بل نجد صفحات بكاملها واحدة في الكتابين دون اختلاف يذكر، إلا أن الدكتور محمد أبو فارس في كتابه القاضي أبو يعلى الفراء وكتابه الأحكام السلطانية ص 544 قال: "تأكد لدينا بما لا يدع مجالاً للشك بأن الماوردي هو السباق في هذا الشأن وكتابه أسبق من كتاب أبي يعلى الفراء، وأن الأخير قد نقل ما راق له من كتاب الماوردي وتأثر به في تبويبه وتفريعاته.

- **كتاب السياسة الشرعية في إصلاح الراعي والرعية:** لتقي الدين أبي العباس أحمد بن تيمية المتوفى سنة 728 هـ

الطريقة التي اتبعتها في كتابة البحث:

يعتمد البحث على المنهج الاستقرائي والاستنباطي، إذ قمت بدراسة لبعض ما هو متعلق بالموضوع سواء من المصادر التاريخية أو الكتب والمراجع الحديثة ذات العلاقة وقمت باستنباط ما يتلاءم مع جزئيات البحث وحيثياته.

ولقد حاولت جاهداً أن أتبع خطوات المنهج العلمي للكتابة والبحث وتمثل في الآتي:

- قمت بإيعاز الآيات القرآنية إلى مواضعها في القرآن الكريم ولو تكرر ورودها، وراعيت أن تكون بخط مغاير مميز.

- خرّجت الأحاديث الشريفة من مصادرها الأصلية.

- عملت على توثيق المادة العلمية من مصادرها الأصلية ما أمكن ذلك، ونقد ما أحتاج لذلك مع الشرح والتعليق لبعض النصوص.

- رجعت في معاجم اللغة العربية لبيان معاني بعض المصطلحات والمفردات الغامضة والمبهمة.

- مراعاة المنهج العلمي في الوصول إلى الحقائق، وترتيب النتائج على المقدمات، وتقسيم البحث إلى فصل تمهيدي وثلاثة فصول، والفصل قسمته إلى مطالب وبعض المطالب إلى فروع حسب مقتضيات الحاجة.

- اتبعَت الرسالة بعدة فهارس تفصيلية.

خطـــة البحـــث:

لقد كان مسلكي في خطة البحث أن قسمته إلى مقدمة وفصل تمهيدي وثلاثة فصول وخاتمة وملحقات.

وتفصيلها كالآتي:

أولاً: المقدمة: وقد نوّهت فيها إلى:

- بيان طبيعة المال العام في النظام الاقتصادي الإسلامي، وأهمية الموضوع، وسبب اختياره، بالإضافة إلى الدراسات السابقة للموضوع، والطريقة التي اتبعتها في البحث، وأخيراً خطة البحث.

ثانياً: فصول الرسالة، وهي:

الفصل التمهيدي: واشتمل على عدة مباحث:

المبحث الأول: بينت تعريف الرقابة في اللغة العربية، وبمفهومها العام، ثم بينت تعريف الرقابة المالية في الاقتصاد الإسلامي.

المبحث الثاني: تحدثت عن مشروعية الرقابة المالية في الاقتصاد الإسلامي، وذكرت أدلة مختلفة من القرآن الكريم والسنة، وأفعال الصحابة.

المبحث الثالث: تحدثت فيه عن نشأة وتطور الرقابة المالية في الاقتصاد الإسلامي منذ عهد الرسول، ومروراً بعهد الخلفاء الراشدين، وفي العهود من بعدهم ثم ختمته بخلاصة.

الفصل الأول: وفيه هيكلية الرقابة المالية في النظام الاقتصادي الإسلامي بحيث اشتمل على عدة مباحث وهي:

المبحث الأول: تحدثت فيه عن أهداف الرقابة المالية في النظام الاقتصادي الإسلامي وأهميتها.

المبحث الثاني: ذكرت فيه مزايا الرقابة المالية في النظام الاقتصادي الإسلامي.

المبحث الثالث: بينت فيه صفات القائمين على الرقابة المالية في النظام الاقتصادي الإسلامي وطرق اختيارهم، والعوامل المساعدة على أداء المراقب المالي مهامه على أحسن وجه.

المبحث الرابع: ذكرت في طبيعة الرقابة المالية على الإيرادات العامة وإنفاقها في النظام الاقتصادي الإسلامي.

الفصل الثاني: وفيه أنواع الرقابة المالية في النظام الاقتصادي الإسلامي حيث اشتمل على عدة مباحث وهي:

المبحث الأول: ذكرت فيه أنواع الرقابة المالية من حيث التوقيت في الاقتصاد الإسلامي، وهي بدورها تتنوع إلى الرقابة المالية الداخلية (الذاتية)، والرقابة المالية الخارجية، وهي تشمل الرقابة المالية الشعبية، والرقابة المالية التنفيذية.

الفصل الثالث: تضمن أجهزة الرقابة المالية في النظام الاقتصادي الإسلامي حيث اشتمل على عدة مباحث وهي:

المبحث الأول: أبرزت دور الخليفة والوزير في الرقابة المالية في الاقتصاد الإسلامي.

المبحث الثاني: تناولت دور الدواوين في الرقابة المالية في الاقتصاد الإسلامي.

المبحث الثالث: تحدثت فيه عن بيت المال ودوره في الرقابة المالية.

المبحث الرابع: ذكرت نظام الحسبة ودورها في الرقابة المالية.

المبحث الخامس: أبرزت ولاية المظالم ودورها في الرقابة المالية.

وقد تضمن نهاية الفصل دراسة تقيمية لديوان المحاسبة الأردني من وجهة نظر الاقتصاد الإسلامي.

ثالثاً: الخاتمة: وفيها خلاصة ما توصلت إليه من نتائج وتوصيات.

رابعاً: الملحقات: وهي عبارة عن مجموعة من الفهارس وهي:

فهرس المصادر والمراجع.

فهرس المحتويات.

وأخيراً... فإنني بشر لا أدّعي العصمة، ومن سمات البشر أنهم يخطئون، فما وجدتم من صواب فالحمد لله الذي وفقني إليه، وله الشكر على ما أنعم به، ومنه المباركة على ما أعطى، وما وجدتم من زلل فسلوا الله لي المغفرة والرحمة، وما قصدت إلا الصواب فإن وفقت إليه فمن الله، وإن كانت الأخرى فالله واسع المغفرة.

وأتذكر في هذا المقام ما كتبه القاضي عبد الرحيم البيساني إلى العماد الأصفهاني حيث يقول: "إني رأيت أنه لا يكتب إنسان كتاباً في يومهم إلا قال في غده: لو غيِّر هذا لكان أحسن، ولو زيد كذا لكان يستحسن، ولو قُدِّم هذا لكان أفضل، ولو ترك هذا لكان أجمل.

هذا من أعظم العبر، وهو دليل على استيلاء النقص على سائر البشر"، والله أسأل أن ينفع بهذا البحث، وأن يجد طريقة للفهم الدقيق، وما أردت إلا ما أراد شعيب عليه السلام لقومه عندما قال: (إِنْ أُرِيدُ إِلَّا الْإِصْلَاحَ مَا اسْتَطَعْتُ وَمَا تَوْفِيقِي إِلَّا بِاللَّهِ عَلَيْهِ تَوَكَّلْتُ وَإِلَيْهِ أُنِيبُ) [سورة هود: 88].

الفصل التمهيدي

التعريف بالرقابة المالية

(ونشأتها وتطورها ومشروعيتها)

- **المبحث الأول: تعريف الرقابة المالية.**
- المطلب الأول: الرقابة في اللغة.
- المطلب الثاني: الرقابة بمفهومها العام.
- المطلب الثالث: مفهوم الرقابة المالية في الاقتصاد الإسلامي.

- **المبحث الثاني: مشروعية الرقابة المالية في النظام الاقتصادي الإسلامي.**
- المطلب الأول: من القرآن الكريم.
- المطلب الثاني: من السنة الشريفة.
- المطلب الثالث: من أفعال الصحابة.

- **المبحث الثالث: الرقابة المالية في صدر الإسلام وتطورها.**
- المطلب الأول: الرقابة المالية في عهد الرسول صلى الله عليه وسلم
- المطلب الثاني: الرقابة المالي في عهد الخلفاء الراشدين.
- المطلب الثالث: تطور الرقابة المالية بعد الخلافة الراشدة.
- المطلب الرابع: خلاصة تطور الرقابة المالية ونشأتها.

المبحث الأول

التعريف بالرقابة المالية

- المطلب الأول: الرقابة في اللغة.

- المطلب الثاني: الرقابة بمفهومها العام.

- المطلب الثالث: الرقابة المالية في الاقتصادي الإسلامي.

المبحث الأول

التعريف بالرقابة المالية

المطلب الأول: تعريف الرقابة في اللغة:

وردت عدة معانٍ للرقابة في اللغة منها:[1]

- الرقيب: الحفيظ، ورقبة يرقبُه رقبةً ورِقبانا (بالكسر) ورُقوبا (بالضم).
- ومنها: ترقَّبَه وارتَقَبَه: انتظره ورصده.
- وقيل أنها من: رقب الشيء يرقُبُه، وراقبه مراقبةً ورقاباً: حرسه.

وجاء في القاموس المحيط قريباً من المعاني السابقة "رقَبَه رقبةً ورِقباناً بكسرهما ورُقوباً بالضم، ورقابةً ورَقوباً ورَقَبَة بفتحهن: انتظره كترقَّبَه وارتقبه: حرسه كراقبه مراقبةً ورقاباً"[2].

وفي ضوء ما سبق فإن الرقابة في اللغة تعني: الحفظ، والانتظار، والرِصد، والحراسة.

المطلب الثاني: الرقابة بمفهومها العام:

للرقابة مفاهيم متعددة ومتنوعة تختلف في معظمها من حيث درجة التفاصيل، وتتفق غالبيتها من حيث المحتوى، ويبدو أن الخلاف على تحديد معنى موحد للرقابة يضفي عليها أهمية خاصة.

(1) انظر: لسان العرب لابن منظور المجلد الأول ص 424 مادة "رقب".

(2) القاموس المحيط للفيروز أبادي جـ1 ص77.

ومن هذه التعريفات:

1. أنها: "مجموعة الإجراءات التي تضعها الدولة للتأكد من مطابقة التنفيذ الفعلي للخطط الموضوعية ودراسة الانحراف في التنفيذ لكي تعالج نواحي الضعف والقصور على الخطأ بمنع تكراره"[1].
2. وأنها: "التأكد من أن كل شيء يتم وفقاً للقواعد التي وضعت والتعليمات التي أعطيت"[2].
3. وقيل أنها: "وظيفة تقوم بها السلطة المختصة بقصد التحقق من أن العمل يسير وفقاً للأهداف المرسومة بكفاية وفي الوقت المحدد لها"[3].
4. وعرفها البعض أنها: "عملية متابعة دائمة ومستمرة تقوم بها السلطة نفسها أو بتكليف غيرها وذلك للتأكد من أن ما يجري عليه العمل، وفقاً للخطط الموضوعة، والسياسات المرسومة والبرامج المعدة، وفي حدود القوانين والقواعد والتعليمات المعمول بها، لتحقيق أهداف معينة"[4].

ومن خلال هذه التعريفات يمكن وضع تعريف للرقابة بمفهومها العام يتناسب مع موضوع البحث ومفاهيم الإسلام.

ويبدو لي أن الرقابة - بشكل عام - هي: عملية تقوم بها جهات متخصصة للتأكد من مطابقة التنفيذ للقواعد والتعليمات التي وضعت وفقاً للمعايير الشرعية الإسلامية، وأنها حققت أهدافها بكفاية.

---

[1] السياسة الاقتصادي والنظم المالية في الفقه الإسلامي د. أحمد الحصري - ص475.

[2] انظر: الرقابة الإدارية والمالية على الأجهزة الحكومية حمدي القبيلات - ص3.

[3] مبادئ الإدارة للدكتور فؤاد العطار ص179.

[4] مراقبة الموازنة العامة للدولة في ضوء الإسلام د. شوقي السّاهي - ص79.

ومن خلال هذه التعريفات يمكن تحديد أسس عملية الرقابة فيما يلي:

1. جهات معينة تقوم بواجب الرقابة.

2. للرقابة هدف يتناسب مع موضوع الرقابة التي تمارسها سواء كانت إدارية أو قضائية أو غيرها.

3. التأكد من مطابقة التنفيذ للقواعد والتعليمات.

4. التحقق من أن الأهداف تحققت بكفاية عالية.

5. كشف الانحراف في التنفيذ عن الهدف الموضوع.

6. علاج نواحي الخطأ والقصور ومنع تكراره مستقبلاً.

7. وأخيراً ضبط هذه الأسس بضابط الشرعية الإسلامية.

المطلب الثالث: مفهوم الرقابة المالية في النظام الاقتصادي الإسلامي:

وردت تعريفات متعددة للرقابة المالية في الاصطلاح الشرعي، إلا أنها تتفق معظمها من حيث المحتوى والمضمون، مع اختلاف في درجة التفاصيل ومن هذه التعريفات:

أولاً: "هي العلم الذي يبحث في محاسبة الحقوق والالتزامات في ضوء الشريعة الإسلامية"[1].

ثانياً: "هي الرقابة على طرق الكسب والموارد المالية، وطرق التصرف فيها أو إنفاقها ضـمن إطـار الشريعة الإسلامية"[2].

---

[1] النظام المالي الإسلامي للدكتور محيي الدين طرابزوني بحث مقدم إلى ندوة النظم الإسلامية في أب وظبي جـ 2 ص112.
[2] الرقابة المالية في عهد الرسول صلى الله عليه وسلم والخلفاء الراشدين عيسى الباروني ص 11.

ثالثاً: قيل في مفهومها: "بوجوب إتباع جميع ما أقرته الشريعة الإسلامية من قواعد وأنظمة وتعاليم وأحكام والتي تهدف بمجموعها للمحافظة على المال العام وصيانته وتنميته سواء في مجال جمعه من موارده التي أقرها الشرع، أو في مجال إنفاقه في مصارفه المقررة دون تهاون أو تقصير، مع استمرار عمليـات المتابعة والإشراف لتجنب الوقوع في الأخطاء، وتلافي التقصير والخلل إن وجد، ومعاقبة المسيء وردعـه وزجـره، والوصول إلى أفضل الطرق في إدارة المـال العـام، مـع الأخـذ بعـين الاعتبار مصلحة الأمـة واستقرارها بوجه عام"[1].

ويتضح مما سبق من تعريفات أنه يمكن إعطاء تعريف للرقابة المالية في الاقتصاد الإسلامي بأنها: عملية تقوم بها جهات معينة لمراقبة المال العام إيراداً وإنفاقاً، وفقاً لمعايير الشريعة الإسلامية، وبـإدارة رشيدة، وبكفاية اقتصادية عالية.

ويمكن القول أن هذا المعنى أقرب للمفهوم الإسلامي للرقابة، لأن الرقابة المالية في مفهـوم الاقتصاد الإسلامي شاملة ومتكاملة فهي:

- رقابة مالية شرعية على المال العام: وهذا يقتضي الالتزام بما جاءت به الشريعة الإسلامية من قواعد تتعلق بالمال العام إيراداً وإنفاقاً والتي من شأنها المحافظة علـى المـال العـام وصيانته مـن العبـث والضياع، وهذا يعني أن المـوارد جمعـت وفـق التعليمات والتوجيهـات الإسلامية، ومـن أن هـذه الموارد استخدمت في الأغراض المخصصة لها دون إسراف أو تبذير وبأقصى منفعة.

- رقابة مالية إدارية: وذلك بحسن إدارة الأموال العامة بالمتابعة والإشراف والتنبيه إلى نقاط الضعف والقصور في الأداء، وتحديد الانحرافات المالية، ثم محاولة إيجاد العلاج المناسب، واقتراح التعديلات المناسبة بما يحقق القضاء على هذه المخالفات والانحرافات المالية المتعلقة بالمال العام.

- رقابة مالية اقتصادية: وذلك بالاستغلال الجيد والأمثل للأموال العامة.

---

[1] الرقابة المالية في الشريعة الإسلامية حسين ريان ص10.

المبحث الثاني

مشروعية الرقابة المالية في النظام

الاقتصادي الإسلامي

- المطلب الأول: من القرآن الكريم.

- المطلب الثاني: من السنة الشريفة.

- المطلب الثالث: من أفعال الصحابة.

المبحث الثاني

مشروعية الرقابة المالية في النظام الاقتصادي الإسلامي

إن تحديد أساس مشروعية الرقابة المالية مسألة أولية تؤدي في الواقع إلى تفهم نظام الرقابة المالية في النظام الاقتصادي الإسلامي والوقوف على طبيعته، وصفات، وخصائصه، وأهدافه.

وترتكز أسس مشروعية الرقابة المالية إلى بعض القواعد والأحكام التي قررها القرآن الكريم، زيادة على ذلك تطبيقات السنة النبوية الشريفة العملية والقولية لهذه الرقابة، ثم جاء الإجماع على وجوبها من خلال تطبيقات الخلفاء الراشدين وولاة الأمور في الدولة الإسلامية من بعدهم، وتأكيدات رجال الفقه الإسلامي على ضرورة إعمالها دون أن ينقل عن أحد منهم إنكارها [1].

ونتناول فيما يلي تأصيل أساس مشروعية الرقابة المالية في النظام الاقتصادي الإسلامي وذلك على النحو التالي:

المطلب الأول: القواعد والأحكام التي قررها القرآن الكريم كأساس لمشروعية الرقابة المالية:

القاعدة الأولى: قاعدة مبدأ الشرعية الإسلامية: يقصد بمبدأ الشرعية الإسلامية – بصفة عامة خضوع الدولة الإسلامية حكاما ومحكومين للشرعية الإسلامية، وهو سبب وأساس كل رقابة تقوم في الدولة الإسلامية، فما من تنظيم للرقابة في هذه الدولة إلا يستهدف حماية الشرعية

---

[1] قال شيخ الإسلام ابن تيمية: كان رسول الله صلى الله عليه وسلم وخلفاؤه يحاسبون العمال على الصدقات والفيء وغير ذلك انظر مجموع فتاوى شيخ الإسلام ابن تيمية، المجلد الثامن والعشرون ص278.

الإسلامية وإعلاء شأنها وتأكيد سيادتها وسيطرتها على مجتمع الدولة الإسلامية[1].

والنصوص القرآنية التي تدعو للخضوع لتحكيم الشريعة الإسلامية كثيرة، يقول الله تعالى: (إِنَّا أَنزَلْنَا إِلَيْكَ الْكِتَابَ بِالْحَقِّ لِتَحْكُمَ بَيْنَ النَّاسِ بِمَا أَرَاكَ اللَّهُ وَلَا تَكُنْ لِلْخَائِنِينَ خَصِيمًا(105))[2]، ويقول الله تعالى:(وَمَنْ يَتَعَدَّ حُدُودَ اللَّهِ فَقَدْ ظَلَمَ نَفْسَهُ)[3] ، وقوله تعالى:(يَا أَيُّهَا الَّذِينَ آمَنُوا أَطِيعُوا اللَّهَ وَأَطِيعُوا الرَّسُولَ وَلَا تُبْطِلُوا أَعْمَالَكُمْ)[4] .

وترتيباً على ذلك: يجب أن تكون التصرفات المالية منسجمة وموافقة لأحكام التشريع الإسلامي، وهذا يتطلب مراقبة هذه التصرفات للتأكد من موافقتها للتشريع الإسلامي، وتدارك ما قد يجيء منها على خلاف هذه الأحكام أو متناقضاً مع روح التشريع الإسلامي.

القاعدة الثانية: قاعدة الأمر بالمعروف والنهي عن المنكر: الأمر بالمعروف والنهي عن المنكر قاعدة أساسية في الشريعة الإسلامية والأصل في مشروعيتها قوله تعالى:(وَلْتَكُنْ مِنْكُمْ أُمَّةٌ يَدْعُونَ إِلَى الْخَيْرِ وَيَأْمُرُونَ بِالْمَعْرُوفِ وَيَنْهَوْنَ عَنِ الْمُنْكَرِ)[5] ، وقوله تعالى: (كُنْتُمْ خَيْرَ أُمَّةٍ أُخْرِجَتْ لِلنَّاسِ تَأْمُرُونَ بِالْمَعْرُوفِ وَتَنْهَوْنَ عَنِ الْمُنْكَرِ)[6] .

---

[1] انظر الرقابة الإدارية في النظام الإداري الإسلامي، د. محمد طاهر ص269.
[2] سورة النساء آية 105.
[3] سورة الطلاق آية 1.
[4] سورة محمد آية 33.
[5] سورة آل عمران آية 104.
[6] سورة آل عمران آية 110.

وقاعدة الأمر بالمعروف والنهي عن المنكر، هي مقصود جميع الولايات الإسلامية ومن بينها: ولاية الرقابة المالية - بل ذهب الإمام الغزالي إلى القول بأن: "الأمر بالمعروف والنهي عن المنكر هو القطب الأعظم في الدين وهو المَهمُّ الذي ابتعث الله له الأنبياء جميعاً"[(1)].

القاعدة الثالثة: قاعدة أن المال العام مال الله، وفي ذلك يقول الله جل وعلا: ﴿ آمِنُوا بِاللَّهِ وَرَسُولِهِ وَأَنْفِقُوا مِمَّا جَعَلَكُمْ مُسْتَخْلَفِينَ فِيهِ فَالَّذِينَ آمَنُوا مِنْكُمْ وَأَنْفَقُوا لَهُمْ أَجْرٌ كَبِيرٌ ﴾ [(2)] وقال تعالى: ﴿ وَآتُوهُمْ مِنْ مَالِ اللَّهِ الَّذِي آتَاكُمْ ﴾[(3)].
وهذه الحقيقة إذا وقرت في النفوس فإن من شأنها المحافظة على المال العام:

سواء من قبل أمراء المسلمين فإنهم يتحلون بخلق الاستعفاف عن المال العام، فلا يأخذون منه إلا ما خصص لهم بالحق، ولا يستبدلون الذي هو خير من المال العام بالذي هو أدنى من أموالهم، ولا يؤثرون ذوي قربى أو بطانة، ولا يضمون إليه إلا طيباً، ولا يدنسونه بمحرم، ويوظفونه بكفاية تامة لتحقيق الرعاية الوارفة للشعب.

أو من قبل العاملين على المال العام فإنهم لا يرتكبون الغلول لأن من غل يأت بما غل يوم القيامة، ولا يسرفون لأن الله لا يحب المسرفين.

أو من قبل الممولين لموارد الدولة لأنهم يعرفون أن المال العام هو مال الله فيؤدون فرائضه لبيت المال كاملة غير منقوصة بدون استرخاء.

أو من قبل الرعية فإنهم يزاولون حقهم في رقابة التصرفات المالية لحكام المسلمين وأعوانهم، فتردهم إذا غووا، وترشدهم إذا تعثروا، وتقودهم إلى طريق

---

(1) إحياء علوم الدين للغزالي جـ 7 ص1186.
(2) سورة الحديد آية 7.
(3) سورة النور آية 33.

الهداية إذا ضلوا وأساءوا إدارة الأموال العامة.

وبذلك يكون المال العام في الاقتصاد الإسلامي قدسي السمات طيباً جمعه رشيداً مساره عائداً على الرعية بالنفع والخير[1].

القاعدة الرابعة: قاعدة المسؤولية والمحاسبة:

يقول الله تبارك وتعالى: (وَكُلَّ إِنسَانٍ أَلْزَمْنَاهُ طَائِرَهُ فِي عُنُقِهِ وَنُخْرِجُ لَهُ يَوْمَ الْقِيَامَةِ كِتَابًا يَلْقَاهُ مَنشُورًا (13) اقْرَأْ كِتَابَكَ كَفَى بِنَفْسِكَ الْيَوْمَ عَلَيْكَ حَسِيبًا) [2].

وقوله تعالى: (وَكَانَ اللَّهُ عَلَى كُلِّ شَيْءٍ رَقِيبًا) [3].

وقوله تعالى: (كُلُّ امْرِئٍ بِمَا كَسَبَ رَهِينٌ) [4].

ومن هذه الآيات يتبين لنا أن كل فرد مسلم مسؤول عن تصرفاته وأعماله، وأقواله أمام الله سبحانه وتعالى: زيادة على ذلك مسؤوليته في الحياة الدنيا أمام الناس وأمام ضميره،[5] وهذا يدعونا إلى ضرورة مراقبة الإنسان نفسه ومحاسبتها عن أي خطأ أو تقصير.

---

(1) انظر: السياسة المالية للرسول صلى الله عليه وسلم، قطب إبراهيم ص21.

(2) سورة الإسراء آية 13.

(3) سورة الأحزاب آية 52.

(4) سورة الطور آية 21.

(5) يصور الدكتور محمد عبد الله دراز في كتابه "المسؤولية في الإسلام" ص 36 – 37 الجوانب الثلاثة للمسؤولية المشار إليها في المتن "أن القرآن يضعنا أمام سلطة ثلاثية كأنه يقول لنا: انظروا في أنفسكم تجدوا محكمة، وانظروا حولكم تجدوا محكمة، وانظروا فوقتكم تجدوا محكمة، محكمة الضمير في قلوبكم، ومحكمة البشر من حولكم، ومحكمة السماء من فوقكم، ولكل واحد منها أمانة في أعناقكم سيحاسبكم عليها.

وقد رد البعض أنواع الرقابة المالية في الاقتصاد الإسلامي إلى قوله تعالى:(وَقُلِ اعْمَلُوا فَسَيَرَى اللَّهُ عَمَلَكُمْ وَرَسُولُهُ وَالْمُؤْمِنُونَ وَسَتُرَدُّونَ إِلَى عَالِمِ الْغَيْبِ وَالشَّهَادَةِ فَيُنَبِّئُكُمْ بِمَا كُنْتُمْ تَعْمَلُونَ(105))) [1].

فالآية تتضمن أنواعاً ثلاثة للرقابة على المال العام وهي: [2]

النوع الأول: الرقابة الذاتية ممثلة برقابة الله عز وجل الذي يعلم خائنة الأعين **وما تخفي الصدور**.

النوع الثاني: الرقابة التنفيذية ممثلة برقابة النبي صلى الله عليه وسلم وهي تعني رقابة ولي الأمر القائم بسياسة الدنيا لهذا الدين في كل زمان ومكان.

النوع الثالث: الرقابة الشعبية ممثلة برقابة المؤمنين سواء تمثلت في مجالس منتخبة أو أفراد متطوعين.

ونخلص إلى أن نصوص القرآن الكريم تضافرت على شريعة الرقابة المالية، وأنها ضرورة يقتضيها الالتزام بالإسلام وتطبيق تعاليمه.

القاعدة الخامسة: قاعدة الترشيد والمصلحة العامة.

قال الله تعالى:(وَلَا تُؤْتُوا السُّفَهَاءَ أَمْوَالَكُمُ الَّتِي جَعَلَ اللَّهُ لَكُمْ قِيَامًا) [3].

وقال تعالى:(وَالَّذِينَ إِذَا أَنْفَقُوا لَمْ يُسْرِفُوا وَلَمْ يَقْتُرُوا وَكَانَ بَيْنَ ذَلِكَ قَوَامًا) [4].

وقال تعالى:(وَلَا تُبَذِّرْ تَبْذِيرًا (26) إِنَّ الْمُبَذِّرِينَ كَانُوا إِخْوَانَ الشَّيَاطِينِ) [5].

---

[1] سورة التوبة آية 105.
[2] انظر: النفقات العامة في الإسلام د. يوسف إبراهيم ص 299.
[3] سورة النساء آية 5.
[4] سورة الفرقان آية 67.
[5] سورة الإسراء آية 26 – 27.

الآية الأولى تقرر منع إيتاء السفهاء المال، لأن المال هو قوام الحياة وعصب الحياة الاقتصادية، ففي إعطاء السفيه المال فيه إضاعة له.

كما أن الآية تقرر ضرورة أن تراقب الأمة تصرف الأفراد في الأموال المملوكة لهم، ومن باب أولى مراقبة الأفراد الذين يتصرفون في المال العام، لأن المال له وظائف معينة حددها الإسلام.

أما الآية الثانية والثالثة، فإنهما تنهيان عن الإسراف والتبذير، ومعناهما الشرعي: هو إنفاق المال فيما نهى الله عنه، فكل نفقة أباحها الله تعالى أو أمر بها كثرت أو قلت فليست إسرافاً ولا تبذيراً، وكل نفقة نهى الله عنها قلت أو كثرت فهي الإسراف والتبذير، فالإسراف هو الإنفاق في المعاصي، أما الإنفاق في القربات والطاعات فلا إسراف فيها.[1]

وفي هذا يقول ابن مسعود: "التبذير هو إنفاق المال في غير حقه"[2].

فالآيات السابقة دعوة صريحة لمراقبة المال العام لتحقيق سياسة الترشيد في المال العام الذي هو قوام الحياة.

المطلب الثاني: القواعد والأحكام التي قررتها السنة النبوية الشريفة كأساس لمشروعية الرقابة المالية:

جاءت أحاديث كثيرة عن الرسول صلى الله عليه وسلم تحث على المحافظة على المال العام وصيانته من أي اعتداء يحول دون أداء وظيفته في المجتمع، ولا نستطيع الإحاطة والشمول بجوانب الرقابة المالية - القولية والعملية - التي مارسها الرسول صلى الله عليه وسلم، ولكن نذكر بعضها ونترك بعضها الآخر يرد في ثنايا البحث.

وحسبنا أن نذكر ما يدلل على مشروعية الرقابة المالية من السنة النبوية:

---

(1) انظر: النظام الاقتصادي في الإسلام للنبهاني ص202.

(2) المرجع السابق ص 203.

1. عن أبي حميد الساعدي قال: (استعمل رسول الله صلى الله عليه وسلم رجلا من الأزد على صدقات بني سليم يدعى ابن اللتبية، فلما قدم، قال: هذا لكم، وهذا أهدي لي. قال: فقام النبي صلى الله عليه وسلم - على المنبر، فحمد الله وأثنى عليه، ثم قال: "ما بال عامل أبعثه، فيقول: هذا لكم، وهذا أهدي لي، أفلا قعد في بيت أمه أو بيت أبيه، حتى ينظر أيهدي له أم لا؟. والذي نفسي بيده لا يأخذ أحد منها شيئاً إلا جاء يوم القيامة يحمل على رقبته، إما بعير له رغاء[1] ، أو بقرة لها خوار[2]، أو شاة تيعر[3] ، ثم رفع يديه – حتى رؤي بياض أبطيه -، فقال: اللهم قد بلغت")[4].

2-عن عدي بن عميرة قال: سمعت رسول الله صلى الله عليه وسلم يقول: (من استعملناه منكم على عمل فكتمنا مخيطا (إبرة خيط) فما فوق كان غلولا (خيانة) يأتي به يوم القيامة (إشارة إلى قوله تعالى في سورة آل عمران:﴿ وَمَنْ يَغْلُلْ يَأْتِ بِمَا غَلَّ يَوْمَ الْقِيَامَةِ ﴾[5] قال: فقام إليه رجل أسود من الأنصار، كأني أنظر إليه فقال: يا رسول الله: اقبل عني عملك. قال: وما لك؟ قال: سمعتك تقول كذا وكذا. قال: وأنا أقوله الآن: "من استعملناه منكم على عمل فليجئ بقليله وكثيره فما أوتي منه أخذ، وما نهي عنه انتهى")[6] .

3-عن خولة الأنصارية رضي الله عنها – قالت: سمعت رسول الله صلى الله عليه وسلم يقول: (إن رجالاً يتخوضون (يتصرفون) في مال الله بغير حق، فلهم النار يوم القيامة) [7]

---

(1) رغاء: صوت الجمل.
(2) خوار: صوت البقر.
(3) تيعر: صوت الشاة. - انظر: شرح صحيح مسلم للنووي جـ 12 ص219.
(4) انظر – صحيح البخاري باب هدايا العمال كتاب الأحكام جـ 9 ص88.
(5) سورة آل عمران آية 161.
(6) صحيح مسلم بشرح الإمام النووي كتاب الإمارة باب تحريم هدايا العمال جـ 12 ص222.
(7) صحيح البخاري كتاب فرض الخمس رقم الحديث 3118 الفتح جـ 6 ص 217.
وانظر أيضاً: المسند للإمام أحمد جـ 10 ص 371.

المطلب الثالث: الأدلة من أفعال الصحابة على مشروعية الرقابة المالية:

تطبيقات الرقابة المالية في واقع أفعال الصحابة أكثر من أن تحصى ففترتهم كانت فترة بناء وتطبيق للمفاهيم الرقابية التي جاءت في القرآن الكريم والسنة النبوية، ولا أدل على ذلك من الأساليب والوسائل والأجهزة المختلفة التي تم ابتكارها وتطويرها عبر العهود لإحكام رقابتهم على المال العام كسباً وإنفاقاً.

وقد تتبعت بعض هذه التطبيقات في أكثر من موضع من هذا البحث.

وخلاصة القول:

بعد استقراء الأدلة الشرعية وتطبيقاتها، نخلص إلى أن الرقابة المالية على المال العام في الاقتصاد الإسلامي فريضة شرعية وضرورة بشرية للاعتبارات التالية:

أولاً: جاءت نصوص واضحة ومفصلة بالقرآن والسنة، وبأوامر ملزمة بالتصرفات المالية في أمور شتى تتعلق بالكسب والإنفاق، وأن كل راعٍ مسؤول عن رعيته في حدود ولايته واختصاصه، وعليه أن يراقب التصرفات المتعلقة بالمال العام، للتأكد من سيرها وفق أحكام الشريعة الإسلامية، وتصحيح أي انحراف يطرأ عليها.

ثانياً: من مقاصد الشريعة الإسلامية حفظ المال، وهو من الضرورات الخمس التي هي قوام الحياة البشرية، والرقابة على المال العام تعتبر تطبيقاً لضرورة من الضرورات الإنسانية التي أكد الإسلام على المحافظة عليها جنباً إلى جنب مع النفس والنسل والعقل بعد المحافظة على الدين [1].

---

[1] انظر: العلاقة بين الرقابة الشرعية والرقابة المالية في المؤسسات الإسلامية، محمد عبد الحكيم زعير مقال في مجلة الاقتصاد الإسلامي ص44.

ثالثاً: لما كانت طبيعة الملكية في الإسلام تقضي بأن المال في يد البشر أمانة وأن واجب هـذه الأمانـة تطلـب التصرف فيها وفق إرادة المالك الأصلي وهو الله عز وجل، لذلك فإن الرقابة المالية ضرورية للتأكـد من مدى الوفاء بالأمانة، لأنها الوسيلة المناسبة لتقييم التصرفات المالية وقياسها بميزان الإسلام [1].

رابعاً: إن النفس البشرية أمارة بالسوء، فتحتاج إلى من يذكرها ويقومها ويهديها إلى سواء السبيل، والرقابة المالية من وظائفها تحقيق ذلك.

خامساً: الرقابة المالية تعد ضماناً لنجاح الخطة المرسومة للمال العام إيراداً وإنفاقاً، فيؤخذ بالحق ويعطى بالمحق ويمنع من الباطل، وما لا يتم الواجب إلا به فهو واجب.

سادساً: الرقابة المالية تؤدي إلى القضاء عـلى أي اعتـداء يسـتهدف المـال العـام مـن إسراف وضياع وهـدر لمقدرات الأمة، وهو ضرر يعدّ دفعه واجباً شرعياً.

---

[1] انظر: العلاقة بين الرقابة الشرعية والرقابة المالية في المؤسسات الإسلامية، محمد عبد الحكيم زعير مقال في مجلة الاقتصاد الإسلامي ص 44.

المبحث الثالث

نشأة الرقابة المالية في صدر الإسلام وتطورها

- المطلب الأول: الرقابة المالية في عهد الرسول صلى الله عليه وسلم
- المطلب الثاني: الرقابة المالية في عهد الخلفاء الراشدين.
- المطلب الثالث: تطور الرقابة المالية بعد الخلافة الراشدة.
- المطلب الرابع: خلاصة تطور الرقابة المالية ونشأتها.

المبحث الثالث

نشأة الرقابة المالية وتطورها

لابد من الإشارة إلى أن الرقابة المالية في النظام الاقتصادي الإسلامي، قد شهدت تطورات مختلفة، وتأثرت بالأوضاع السياسية والاجتماعية التي شهدتها الدولة الإسلامية منذ نشأتها وحتى فترات متأخرة منها.

وقد شهدت الرقابة المالية في الإسلام تطورات وتنظيمات فرضتها الحاجة أو المصلحة، بعضها استمر باستمرار الحاجة إليه، والبعض الآخر تلاشى بسبب زوال الحاجة التي استدعت قيامه.

وفيما يلي نتناول نشأة الرقابة المالية وتطورها في مختلف العهود من خلال المطالب التالية:

المطلب الأول: الرقابة المالية في عهد الرسول صلى الله عليه وسلم:

الرقابة المالية في عهد الرسول صلى الله عليه وسلم لها إطار واضح مدعم بآيات من القرآن الكريم، وقد أضفى الرسول صلى الله عليه وسلم على هذه القواعد التي ذكرها القرآن سمات معينة للرقابة المالية ومن أهم هذه القواعد:

أولاً: أن المال العام مال الله تعالى:

وفي ذلك يقول الله تعالى:(آمِنُوا بِاللَّهِ وَرَسُولِهِ وَأَنْفِقُوا مِمَّا جَعَلَكُمْ مُسْتَخْلَفِينَ فِيهِ فَالَّذِينَ آمَنُوا مِنْكُمْ وَأَنْفَقُوا لَهُمْ أَجْرٌ)[1] .

وقوله تعالى: (وَآتُوهُمْ مِنْ مَالِ اللَّهِ الَّذِي آتَاكُمْ) [2] .

---

(1) سورة الحديد آية 7.

(2) سورة النور آية 33.

ثانياً: ترشيد الإنفاق العام:

وفي ذلك يقول الله تبارك وتعالى: (وَالَّذِينَ إِذَا أَنْفَقُوا لَمْ يُسْرِفُوا وَلَمْ يَقْتُرُوا وَكَانَ بَيْنَ ذَلِكَ قَوَامًا) [1].

ثالثاً: الأمانة:

وفي ذلك يقول الله تعالى:(إِنَّ اللَّهَ يَأْمُرُكُمْ أَنْ تُؤَدُّوا الْأَمَانَاتِ إِلَى أَهْلِهَا وَإِذَا حَكَمْتُمْ بَيْنَ النَّاسِ أَنْ تَحْكُمُوا بِالْعَدْلِ) [2].

رابعاً: إدارة المال العام إدارة رشيدة:

وفي ذلك يقول الله تعالى: (وَلَا تُؤْتُوا السُّفَهَاءَ أَمْوَالَكُمُ الَّتِي جَعَلَ اللَّهُ لَكُمْ قِيَامًا)[3].

وفي ضوء القواعد السابقة وغيرها تم تحريك الرقابة المالية في عهد الرسول صلى الله عليه وسلم على المال العام إيراداً وإنفاقاً، سواء كان من خلال سنته القولية أم الفعلية، وقد لا نستطيع أن نأتي على كل أقواله وأفعاله صلى الله عليه وسلم المحافظة على المال العام وصيانته من العبث والضياع والغلول، لكن قد نأتي على ذكر بعضها في ثنايا البحث إن شاء الله.

طرق الرقابة المالية في عهد الرسول صلى الله عليه وسلم:

اتصف عهد الرسول صلى الله عليه وسلم بظروف معينة يمكن إجمالها فيما يلي:

- ضيق نطاق الدولة التي لم تشمل الجزيرة العربية إلا شهوراً من حياته صلى الله عليه وسلم
- قلة الأموال وبالتالي كان تنظيمها المالي بسيط التكوين، محدد الموارد.

---

[1] سورة الفرقان آية 67.
[2] سورة النساء آية 58.
[3] سورة النساء آية 5.

وفي تلك الظروف تميز تنظيمها الرقابي بالبساطة وعدم التعقيد، ولذا اقتصرت الرقابة المالية في عهده صلى الله عليه وسلم على وجود نوعين من الرقابة هما: [1]

- الرقابة الذاتية: التي يمارسه الأفراد على أنفسهم.

- الرقابة التنفيذية: والتي كان الرسول صلى الله عليه وسلم يباشرها على عماله بالتوجيه والإرشاد والنصيحة باعتباره الحاكم.

ولذلك كان الأخذ بهذين النوعين كافياً في ذلك العهد لتحقيق الأهداف المنشودة، من الرقابة المالية على المال العام إيراداً وإنفاقاً.

ومن طرق الرقابة التنفيذية المالية في عهد رسول الله صلى الله عليه وسلم ما يلي: [2]

- كشف العمال: أي بإرسال مفتش يكشف حالهم،ويتبين سيرتهم، ومدى إتباعهم لأوامر الرسول صلى الله عليه وسلم في جباية المال العام وإنفاقه.

- سؤال الوافدين: فقد كان الرسول صلى الله عليه وسلم يستمع إلى أخبار الولاة من الوفود التي تصل المدينة ليتبين سيرتهم ويراقب حالهم. فقد روي أن وفد عبد القيس اشتكى إلى رسول الله صلى الله عليه وسلم - العلاء بن الحضرمي - واليه على البحرين، فاستمع إليهم، ولما تحقق من شكواهم عزله وولى عليهم - ابان بن سعد - وزوده بوصية قال فيها: (استوصي بعبد القيس خيراً وأكرم سراتهم) [3].

- الدقة في اختيار الولاة والعاملين على جباية المال العام وإنفاقه: كان الرسول صلى الله عليه وسلم يتخير عماله من أكابر المسلمين المشهود لهم بالعلم والكفاءة، كما كان يحذر من سوء الاختيار ويعتبره نوعاً من الغش للرعية، فقد جاء في

[1] انظر: النفقات العامة في الإسلام د. يوسف إبراهيم ص 309.
[2] انظر: الرقابة على الأموال العامة بين الفكر الوضعي والفكي الإسلامي د. يوسف إبراهيم ص406.
[3] الإدارة الإسلامية في عز العرب محمد كرد علي ص 12، لم أقف على تخريجه.

الحديث الشريف: (لا يسترعي الله عبداً رعيةً يموت حين يموت وهو غـاش لهـا إلا حـرم الله عليه الجنة) [1].

المطلب الثاني: الرقابة المالية وتطورها في عهد الخلفاء الراشدين:

أثر عن الخلفاء الراشدين الشيء الكثير في مراقبتهم وصيانتهم للمال العام، وذلك لأنهم أشبوا نصوص القرآن الكريم وأحكامه، وأحاديث الرسول صلى الله عليه وسلم

والملاحظ أن عهد الخلفاء الراشدين لم يكن بحاجة إلى رقابة الهيئات المتخصصة بالرقابة المالية وذلك للأسباب التالية: [2]

1. يقظة الوازع الديني في صدور العمال والولاة وهو ما أطلق عليه – الرقابة المالية الذاتية -.

2. أن الولاة والعمال كانوا معروفين لولاة الأمر، ويختارون بأسمائهم ولصفاتهم الشخصية والدينية.

3. بساطة الحياة البعيدة عن التعقيد.

وهذا لا يعني خلو عهد الخلفاء الراشدين من الرقابة المالية، وإنما ظهـرت أشـكال متعـددة للرقابـة المالية يمكن إجمالها وتوضيحها من خلال الآتي:

أولاً: عهد أبي بكر الصديق رضي الله عنه:

حرص أبو بكر الصديق رضي الله عنه في أول خطبة له عند توليه الخلافة دعوة الأمة لممارسة الرقابـة عليه بقوله: "إني وليت عليكم ولست بخيركم، فإن أحسنت فأعينوني، وأنا إن زغت فقوموني..." [3].

---

[1] صحيح مسلم بشرح الإمام النووي باب استحقاق الوالي الغاش لرعيته النار جـ 2 ص 165.

[2] انظر: الرقابة الإدارية في الإسلام للدكتور علي محمد حسنين ص 179.

[3] الأموال لأبي عبيد ص 11.

وقد بلغ حرص أبي بكر رضي الله عنه- في المحافظة على المال العام حرصاً كبيراً، فلما بويع بالخلافة ذهب إلى السوق ليبيع ويشتري، فقال عمر صلى الله عليه وسلم إلى أين تريد فقال: إلى السوق، قال: تصنع ماذا، وقد وليت أمر المسلمين. قال أبو بكر صلى الله عليه وسلم: فمن أين أطعم عيالي؟ قال: انطلق يفرض لك أبو عبيدة. فانطلقا إلى أبي عبيدة، فاقل: أفرض لك قوت رجل من المهاجرين ليس بأفضلهم ولا أركسهم، وكسوة الشتاء والصيف إذا خلقت شيئاً رددته وأخذت غيره، ففرض له كل يوم نصف شاة وما كساه.

وفي رواية أخرى أن أبا بكر رضي الله عنه قال: "قد علم قومي أن حرفتي لم تكن لتعجز عن مؤونة أهلي، وشغلت بأمر المسلمين، وسأحترف للمسلمين فمي مالهم وسيأكل آل أبي بكر من هذا المال، فجعلوا له ألفين، وفي رواية ثلاثة دراهم في كل يوم من بيت المال، ثم قال زيدوني فإن لي عيالاً وقد شغلتموني عن التجارة فزادوه خمسمائة"[1].

يظهر مما سبق أن الرعية هي التي قررت للخليفة ما يكفيه، وأن معيار العطاء استند إلى المستوى المعيشي لشخص متوسط الحال من نفس البيئة التي قدم منها الخليفة (المهاجرون)، كما أن لباس الخليفة من بيت المال، على أنه يلاحظ أن الملابس التي كان يتسلمها الخليفة تعتبر أمانة لديه، أي أنها لا تصير مملوكة له، ولكن عليه أن يردها مرة ثانية إلى بيت المال ليأخذ بدلها إن خلقت وبليت[2].

أما عن أشكال الرقابة المالية في عهد أبي بكر رضي الله عنه - لم تختلف كثيراً عما كانت عليه في زمن الرسول صلى الله عليه وسلم فقد سار بسيرته صلى الله عليه وسلم

ومن تطبيقات الرقابة المالية في عهد أبي بكر رضي الله عنه والتي تدل بجلاء ووضوح على رقابته للمال العام ما يسمى بحروب الردة.

---

[1] صحيح البخاري، باب كسب الرجل وعمله بيده، رقم الحديث 1928، وانظر: التراتيب الإدارية للكتاني، ص 4.

[2] انظر: التنظيم المحاسبي للأموال العامة للدكتور محمود لاشين، ص32.

ففي عهد أبي بكر رضي الله عنه، تمردت قبائل شتى من العرب على أداء الزكاة واكتفوا من الإسلام بالصلاة دون الزكاة، إلا أن موقف أبي بكر رضي الله عنه كان موقفاً تاريخياً فذاً، فلم يقبل التفرقة بين عبادة الصلاة والزكاة، ولم يقبل التهاون في أي شيء كان يؤدى لرسول الله قبله ولو كان عنزة صغيرة أو عقال بعير.

فقال: والله لأقاتلن من فرق بين الصلاة والزكاة، فإن الزكاة حق المال والله لو منعوني عناقاً كانوا يؤدونها للرسول صلى الله عليه وسلم - لقاتلتهم على منعها[1].

ثانياً: الرقابة المالية في عهد عمر بن الخطاب رضي الله عنه:

شهد عصر عمر بن الخطاب رضي الله عنه تطورات واسعة وهامة، حيث اتسعت رقعة الدولة الإسلامية وزادت إيرادات الدولة الإسلامية نتيجة الفتوحات وترتب على ذلك زيادة أعباء الدولة المالية، وهم الذين كان منهم من لا يظن أن هناك رقماً فوق الألف.

وبالتالي كان لزاماً على أمير المؤمنين عمر بن الخطاب رضي الله عنه المشهود له بالعبقرية أن يبتكر من الأساليب والوسائل لإحكام رقابته على المال العام إيراداً وإنفاقاً، وكان عمر رضي الله عنه - بحق - له دور مميز وأصيل في وضع وتأسيس الرقابة المالية في النظام الاقتصادي الإسلامي.

طرق الرقابة المالية في عهد عمر بن الخطاب رضي الله عنه:

طبق عمر رضي الله عنه تلك الطرق التي طبقها رسول الله صلى الله عليه وسلم في مجال الرقابة المالية وطورها وابتكر طرقاً أخرى أهمها[2]:

---

[1] نيل الأوطار للشوكاني جـ 4 ص 119.
[2] انظر: النفقات العامة في الإسلام للدكتور يوسف إبراهيم ص 3111 وما بعدها.
- الرقابة على أعمال الإدارة للدكتور سعيد الحكيم ص 303 وما بعدها.
- الرقابة الإدارية في الإسلام للدكتور علي محمد حسنين ص 129 وما بعدها.
- الإدارة الإسلامية في عز العرب، محمد كرد علي ص 25 وما بعدها.
- الميزانية العامة في الدولة السلامية للدكتور سامي رمضان ندوة مالية الدولة في صدر الإسلام ص 35 وما بعدها.

أولاً: استحداث وظيفة المراقب العام:

استحدث عمر رضي الله عنه - وظيفة المراقب العام وأسندها إلى "محمد بن مسلمة" وكان وكيله على العمال يجمع الشكايات ويتولى التحقيق والمراجعة فيها، ويستوفي البحث فيما ينقله الرقباء والعيون ثم يقوم بتنفيذ أمر الخليفة بمصادرة أموال العامل ومقاسمته إياها طبقاً لما تتكشف عنه الحال.

حيث أرسله إلى عمرو بن العاص رضي الله عنه - وذلك ليتقصى أمر ثروته التي ظهرت له، وشاطره بالفعل أمواله بعد إحصائها، وسنورد تفصيلاً لهذه الرواية فيما بعد[1].

ثانياً: استحداث إقرار الذمة المالية، ومبدأ من أين لك هذا؟:

كان الخليفة عمر بن الخطاب رضي الله عنه يطلب من عماله قبل أن يوليهم العمل أن يكتب كل واحد منهم قائمة بما يملك، ثم يراقب ثروته بعد ذلك مراقبة دقيقة، فإذا حدثت بها زيادة لا تجيزها الظروف العادية، كاشتغالهم بالتجارة، أو ما كان يأتيهم من هدايا أو أموال نتيجة لاستغلال نفوذهم وجاههم، فكان يلجأ لتطبيق مبدأ من أين لك هذا؟ ويأمر بمصادرة الأموال أو مشاطرتهم، وكان يهدف من وراء ذلك أن يتفرغ العامل كلياً لخدمة الرعية.

وتطبيقات عمر رضي الله عنه في هذا المجال كثيرة منها:

يقول أبو عبيد: "لما قدم أبو هريرة رضي الله عنه من البحرين قال له عمر: يا عدو الله وعدو كتابه، أسرقت مال الله؟ قال: لست بعدو الله، ولا عدو كتابه، ولكني عدو من عاداهما، ولم أسرق مال الله، قال: فمن أين اجتمعت لك عشرة آلاف درهم، فقال: خيلي تناسلت، وعطائه تلاحق، وسهامي تلاحقت، فقبضها منه. قال أبو هريرة: فلما صليت الصبح استغفرت لأمير المؤمنين..."[2].

---

[1] انظر: ص 20-21 من هذا البحث.
[2] الأموال لأبي عبيد ص 250.

هذا أنموذج من شدة عمر رضي الله عنه في دين الله، وقسوته على عماله حتى استباح لنفسه أن يتهم صحابياً جليلاً كأبي هريرة رضي الله عنه بسرقة مال الله، ورأى أن ظلم أبي هريرة رضي الله عنه - خير من التفريط في حق المسلمين.

ومن التطبيقات أيضاً الحوار الذي دار بين عمر بن الخطاب وعمر بن العاص رضي الله عنهما – الذي يعد أنموذجاً آخر لنظام المقاسمة التي وضعها عمر رضي الله عنه-، فيروى أنه لما قلد عمر بن الخطاب عمرو بن العاص – رضي الله عنهما – على مصر بلغة أنه قد ظهر له مال كثير، من ناطق وصامت، فكتب إليه: أما بعد: بلغني ما ظهر لك من كثرة المال، ولما يكن ذلك في رزقك، ولا كان لك مال من قبل ذلك، فأنى لك ذلك؟ فوالله لم يهمنا في ذات الله إلا من اختان مال الله...، وقد كان عندنا من المهاجرين الأولين، من هو خير منك، ولكني قلدتك هذا الأمر رجاء عنائك، فإن كان ذلك، فإن نؤثرك على أنفسنا، فاكتب إلي: من أين لك هذا المال؟ وعجل.

فكتب عمرو: أما بعد: فقد فهمت كتاب أمير المؤمنين، فأما ما ظهر لي من مال، فإنا قدمنا إلى بلاد رخيصة الأسعار كثيرة الغزو، فجعلنا ما أصابنا في الفضول التي اتصلت بأمير المؤمنين...، والله لو كان جبايتك حراماً ما جئتك وقد اتهمتني، فأقصى عني كتابك، فإن لنا أحساباً إذا رجعنا إليها أغنتنا عن العمل مع مثلك، وذكرت أن عندك من المهاجرين من هو خير مني، فإن كان ذاك فو الله ما دققت لك بابا، ولا فتحت لك قفلا.

فكتب إليه عمر - رضي الله عنه - ، أما بعد: فإني لست من تسطيرك الكتاب وتثقيفك (تقويمك) الكلام في شيء، وأنتم معشر الأمراء قعدتم على عيون الأموال، ولن يعوزكم عذر، وإنما تأكلون النار، وتؤثرون العار، وقد وجهت إليك "محمد بن مسلمة" فسلم إليه شطر ما في يديك.

فصنع عمرو لمحمد طعاماً فلم يأكل منه، وقال: هذا تقدمة الشر، لو جئتني بطعام الضعيف لأكلت، فنح عني طعامك وأحضر لي مالك، فأحضر ماله فجعل يأخذ شطره...[1].

لقد أوضحت هذه الواقعة موقف عمر رضي الله عنه وحرصه الشديد على المال العام، ويظهر أيضاً أنه نهج منهج النبي صلى الله عليه وسلم في محاسبة العمال كما حدث مع ابن اللتبية.

ولم يكن عمرو بن العاص هو الوحيد الذي طبق عليه نظام من أين لك هذا؟ وإنما طبق على ولاة عديدين منهم سعد بن أبي وقاص عامله على الكوفة، وخالد بن الوليد عامله على الشام وغيرهم كثير.

والذي لا شك فيه أن المقاسمة لم يكن سببها مخالفة ثابتة لشريعة الله، وإلا لكان لعمر مع المخالف شأن آخر، ولكنها كانت ترجع إلى مظنة الكسب الحرام بغير حق، كمجاملة الرعية للوالي واستفادة الوالي من منصبه في تيسير أموره[2].

ثالثاً: استغلال موسم الحج للمراجعة والمحاسبة:

حيث يفد العمال والولاة من أقطار العالم الإسلامي في موسم الحج للمحاسبة والمراجعة ويسأل الناس عن أحوالهم، ويبحث معهم شؤون رعيتهم، ويرسم لكل منهم سياسته الخاصة بولايته.

ومن توجيهاته: "أيها الناس إني لم أبعث عمالي عليكم، ليصيبوا من أبشاركم ولا من أموالكم، إنما بعثتهم ليحجزوا بينكم، وليقسموا فيئكم بينكم، فمن فعل به غير ذلك فليقم"[3].

---

[1] الأوائل لأبي هلال العسكري ص139 وما بعدها.

[2] الإدارة الإسلامية في عز العرب محمد كردعلي ص38 - 39.

[3] انظر: - تاريخ الأمم والملوك للطبري جـ 4 ص204.
- الخراج لأبي يوسف ص261.
- مناقب عمر بن الطاب لابن الجوزي ص94.

رابعاً: الاهتمام بالشكاوي ضد عماله:

كان عمر رضي الله عنه يهتم بأي شكاوى يتلقاها ضد عماله خصوصاً إذا كانت تتعلق بتصرفاتهم حول المال العام، وكان رسل مراقبه العام "محمد بن مسلمة "ليعمل تحقيقاً في فحوى الشكاوى، وقد ينتهي الأمر بمصادرة أموال العامل أو مقاسمته إياها أو عزله، وممن طبق عليه ذلك - كما سبق ذكره - عمرو بن العاص- رضي الله عنه- .

خامساً: استخدام المظاهر الخارجية للعامل كوسيلة للحكم عليه واستدعائه:

بالإضافة إلى توخي الدقة في اختيار العامل، من حيث الدين والأمانة، كان الخليفة عمر بن الخطاب رضي الله عنه يحكم على تصرفات العامل من واقع ملبسه ومظهره مسكنه، فإذا وجد لديه ميلاً للإنفاق ببذخ أو إسراف عزله وأعطاه درساً ينتفع به في مستقبل أيامه.

وإمعاناً في ذلك كان يطلب من العمال دخول المدينة نهاراً عند قومهم من أمالهم، ويكلف من يراقبهم ساعة دخولهم وأحياناً بنفسه يراقب ذلك، ليرى بنفسه هيئات العامل وما يحمله.

لقد مر ذات يوم ببناء من حجارة وجص فقال: "لمن هذا؟ فذكروا عاملاً له على البحرين فقال: أبت الدراهم إلا أن تخرج أعناقها "وكان يقول: "لي على كل خائن: الماء والطين"[1] .

سادساً: متابعة العمال والولاة في مقر أعمالهم:

لم يكتف أمير المؤمنين عمر بن الخطاب رضي الله عنه بإصدار الأوامر والتعليمات إلى العمال والولاة، وإنما كان يرى من واجبه أن يقف على سيرتهم في مقر أعمالهم، لذا أثر عنه قوله لمن حوله: "أرأيتم أن استعملت عليكم خير من أعلم، وأمرته بالعدل، أقضيت ما علي؟ قالوا: نعم، قال: لا، حتى انظر في مله أعمل ما أمرته أم لا".[2] .

---

[1] الإدارة الإسلامية في عز العرب محمد كردعلي ص122.

[2] السنن الكبرى للبيهقي جـ 8 ص163.

ومن متابعاته زياراته للشام التي حققت نتائج طيبة، ولا أدل على ذلك تفكيره بزيارة كافة أرجاء الدولة الإسلامية فقال: "لأن عشت إن شاء الله لأسيرن في الرعية حولاً، فإني أعلم أن للناس حوائج تقطع دوني، أما عمالهم فلا يرفعونها إلي، وأما هم فلا يصلون إلي، فأسير إلى الشام، فأقيم شهرين، وبالجزيرة شهرين، وبمصر شهرين، وبالبحرين شهرين، وبالكوفة شهرين، وبالبصرة شهرين، والله لنعم الحول هذا".[1]

سابعاً: الرقابة الذاتية على المال العام في عهد عمر بن الخطاب رضي الله عنه:

الرقابة على المال العام لا تؤتي ثمارها ولا تحقق نتائجها إلا إذا صاحبتها رقابة ذاتية تنبع من رقابة الله عز وجل، فتعمل على صيانة المال العام وحمايته من السرقة والاختلاس والضياع.

وأمير المؤمنين عمر بن الخطاب رضي الله عنه يضرب المثل الأعلى للرعية في تعففه عن المال العام، والأمثلة في حياة عمر رضي الله عنه كثيرة، منها:

- اشتكى أمير المؤمنين عمر رضي الله عنه من مرض ألمّ به، فوصف له العسل، وفي بيت المال عكة منه، فلما كان على المنبر قال: "إن أذنتم لي فيها، وإلا فإنها علي حرام" فأذنوا له[2].
- احتاج أمير المؤمنين إلى المال، فبدأ بالاقتراض من أحد الصحابة وليس من بيت المال حتى لا يؤخذ من حسناته يوم القيامة.

"أرسل عمر إلى عبد الرحمن بن عوف - رضي الله عنهما - يستلفه أربعمائة درهم، فقال عبد الرحمن: أتستلفني وعندك بيت المال، ألا تأخذ منه ثم ترده، فقال عمر: إني أتخوف أن يصيبني قدري (أي يجيئني أجلي) فتقول أنت وأصحابك، اتركوا هذا لأمير المؤمنين، حتى يؤخذ من ميزاني يوم القيامة..."[3].

---

[1] تاريخ الطبري للطبري جـ 4 ص 201.
[2] السياسة المالية لعمر بن الخطاب قطب إبراهيم ص 153.
[3] الأموال لأبي عبيد ص 249.

والأمثلة من واقع عمر رضي الله عنه كثيرة، وكلها تدل على مدى حـرص عمـر بـن الخطاب رضي الله عنه على المال العام وصيانته من الهدر والضياع، فرحم الله عمر ورضي الله عنه وأرضاه.

ثالثاً: الرقابة المالية في عهد عثمان بن عفان رضي الله عنه وعلي بن أبي طالب رضي الله عنه:

سارت الرقابة المالية في عهد الخليفتين عثمان وعلي رضي الله عنهما على نفس النهج الذي آلـت إليـه منذ عهد الرسول صلى الله عليه وسلم وحتى وفاة عمر بن الخطاب رضي الله عنه.

ومما كتبه عثمان بن عفان رضي الله عنه إلى أمراء الأجناد: "وقد وضع لكم عمر ما لم يغب عنا بـل كان على ملأ منا، ولا يبلغن عن أحد منكم تغيير ولا تبديل، فيغير الله ما بكم ويستبدل بكم غيركم"[1] .

ومن كتب عثمان رضي الله عنه إلى عمال الخراج، ويظهر فيه حرصه على المال العام: "أمـا بعـد، فـإن الله خلق الخلق بالحق، فلا يقبل إلا بالحق، خذوا الحق، وأعطوا الحق به، والأمانة الأمانة قومـوا عليهـا ولا تكونوا أول من يسلبها، فتكونوا شركاء مـن بعـدكم إلى مـا اكتسبتم، والوفاء الوفاء، لا تظلمـوا اليتيـم ولا المعاهد فإن الله خصم لمن ظلم"[2] .

ففي هذا الكتاب يأمر عثمان رضي الله عنه عمال الخراج بأخذ الأموال العامة بالحق وإعطائه بالحق والتخلق بخلق الأمانة والوفاء في التعامل بالمال العام، وهذا مـن شـأنه المحافظـة علـى المـال العـام إيراداً وإنفاقاً.

وهذه الدعوة – عموماً – تكاد ت تفق مع ما أعلنه عمر بـن الخطـاب رضي الله عنـه حـين ولي أمر المسلمين فقد أعلن وقتئذ: "أن المال العام لا يصلحه إلا خلال ثـلاث، أن يؤخـذ بـالحق ويعطى في الحـق ويمنع من الباطل"[3] .

---

[1] الإدارة الإسلامية في عز العرب محمد كردعلي ص 54.
[2] تاريخ الأمم والملوك للطبري الطبعة الرابعة دار المعارف جـ 4 ص245.
[3] السياسة المالية لعمر بن الخطاب قطب إبراهيم ص 23.

كما أثر عن علي بن أبي طالب رضي الله عنه أنه قال لأهل نجران حين كلموه في أمر عودتهم إلى نجران اليمن التي أجلاهم عنها عمر: "إن عمر رشيد الأمر ولن أغير شيئاً صنعه عمر"[(1)].

كما يعد كتابة للأشتر النخعي واليه على مصر سفراً هاماً يدل بوضوح على رقابته على المال العام.

ومما كتبه للأشتر النخعي قوله: "وتفقد أمر الخراج بما يصلح أهله فإن في إصلاحه صلاحاً لمن سواهم، ولا صلاح لمن سواهم إلا به، لأن الناس كلهم عيال على الخراج وأهله، وليكن نظرك إلى عمارة الأرض أبلغ من نظرك في استجلاب الخراج، لأن ذلك لا يدرك إلا بالعمارة، ومن طلب الخراج بغير عمارة أخرج البلاد وأهلك العباد، ولم يستقم أمره إلا قليلا"[(2)].

وفي تعيين العمال والولاة قال له: "ثم انظر في أمور عمالك فاستعملهم اختباراً ولا تولهم محاباة وأثرة،... وتوخ منهم أهل التجربة والحياء من أهل البيوتات الصالحة والقدم في الإسلام، فإنهم أكرم أخلاقاً وأصح أعراضاً، وأقل في المطامع إشرافاً، وأبلغ في عواقب الأمور نظراً"[(3)].

وفي توفير الراتب المناسب حتى لا يتعدى العمال إلى المال العام قال له: "ثم أسبغ عليهم الأرزاق، فإن ذلك قوة لهم على استصلاح أنفسهم، وغني لهم عن تناول ما تحت أيديهم، وحجة عليهم إن خالفوا أمرك أو ثلموا أمانتك"[(4)].

---

(1) الخراج لأبي يوسف ص 70.
(2) نهج البلاغة للدكتور صبحي الصلاح ص 434 وانظر أيضاً: شرح نهج البلاغة للدكتور محمد عبده ص 53.
(3) شرح نهج البلاغة للدكتور محمد عبده جـ 3 ص 95.
(4) الإدارة الإسلامية في عز العرب محمد كرد علي ص 59.

ونخلص إلى أن الرقابة المالية في عهد الرسول صلى الله عليه وسلم والخلفاء الراشدين متميزة وذات فعالية عالية ويرجع ذلك إلى ما يلي:

أولاً: ما تضمنه القرآن الكريم والأحاديث الشريفة من نصوص تحث على المحافظة على المال العام وعدم الاعتداء عليه بالسرقة والخيانة أو التقصير.

ثانياً: رقابة الرسول صلى الله عليه وسلم والخلفاء الراشدين واختصاصهم بالمال العام رقابة وإشرافاً، وضربهم المثل والقدوة في تعففهم وزهدهم عن المال العام.

ثالثاً: فعالية الرقابة الذاتية التي تنبع من نفس المسلم سواء من الرسول صلى الله عليه وسلم والخلفاء الراشدين من بعده أو من أفراد الرعية، مما يجعل الجميع يحافظ على المال العام.

رابعاً: وسائل هذه الفترة متعددة تكمّل بعضها بعضاً، مما جعل الرقابة المالية على المال العام نظاماً محكماً متميزاً.

المطلب الثالث: تطور الرقابة المالية بعد عصر الخلفاء الراشدين:

تطورت الرقابة المالية بعد عصر الخلفاء الراشدين، إذ لم يعد من الممكن الاكتفاء بالرقابة الذاتية والرقابة التنفيذية (الرئاسية)، لتحقيق الإشراف الفعّال على كافة أمور الدولة – ومنها جانب الإيرادات والنفقات – وللأسباب التالية:[1]

- استشراء ضعف الوازع الديني بسبب تقادم العهد بالإسلام.
- الاتساع المكاني والبشري الذي لحق بالدولة الإسلامية.

لهذه الأسباب وغيرها تم إنشاء أجهزة ودواوين متخصصة في الاضطلاع بمهام الرقابة المالية بجانب استمرار الرقابة الذاتية والرقابة التنفيذية.

---

[1] انظر: الرقابة الإدارية في النظام الإداري الإسلامي للدكتور محمد طاهر ص258.

ونرجئ الحديث عن هذه الأجهزة والدواوين في فصل لاحق من هذا البحث خشية التكرار[1].

ونبرز في هذا المجال دور عمر بن عبد العزيز رضي الله عنه في الرقابة المالية لدوره الفعّال في إصلاح الجهاز الرقابي المالي، كأنموذج لتطور الرقابة المالية بعد عصر الخلفاء الراشدين:

إصلاحات عمر بن عبد العزيز الرقابية على المال العام:

لزاماً ونحن نتحدث عن تطور الرقابة المالية لابد أن نبرز دور عمر بن عبد العزيز - رحمه الله - وإصلاحاته في مجال الرقابة المالية، باعتباره مثالاً في التقوى والصلاح، بل يعد عمر بن عبد العزيز من أفضل خلفاء بني أمية سيرة، وأنقاهم سريرة، وأنزههم يداً، وأعفهم لساناً، وأسبقهم إلى نشر الإسلام وإعلاء كلمة الدين، وقد أصبح حكمه غرّة في جبين ذلك العصر حتى شبه المسلمون خلافته بخلافة جده عمر بن الخطاب رضي الله عنه في عدله وزهده[2].

وقد نبّه عمر بن عبد العزيز في القرن الأول الهجري إلى أنه لا يكفي في رقابة الأموال العامة إنزال العقاب، بل أن الأهم هو إصلاح الخطأ أو تحري أسباب المخالفة وتدريب وتعاليم مرتكبيها، وهدايتهم إلى عدم تكرارها مستقبلاً مع مراعاة العدل والحق في الجزاء والعقاب، وبذلك تبنّى عمر رضي الله عنه الرقابة العلاجية التي تضع العلاج لما يكتشف من مخالفات وعدم الاكتفاء بالرقابة السلبية التي تقتصر على كشف الأخطاء والمخالفات المالية فيقرر المبدأ التالي: "إذا قدرت على دوار تشفي به صاحبك دون الكي فلا تكوينه أبداً"[3]

---

[1] انظر ص 108 وما بعدها من هذا البحث.
[2] انظر: تاريخ الإسلام للدكتور حسن إبراهيم - ص265.
[3] السياسة المالية لعمر بن عبد العزيز - قطب إبراهيم - ص173.

من إصلاحات عمر بن عبد العزيز في مجال الرقابة المالية:

أولاً: عزل الولاة الظلمة:

من الإصلاحات المالية التي قام بها الخليفة عمر بن عبد العزيز، والتي تمس جوهر موضوع الرقابة المالية بأن إصلاح الجهاز الوظيفي المالي هو السبيل لتطبيق الرقابة الفعالة على الأموال، ولذا كانت أول خطوة خطاها هو عزل الولاة الظلمة الذين أذلوا الناس، وأوقعوا بهم الجور، فقد كان يعرفهم قبل توليه الخلافة ونوّه عنهم فقال: "الوليد بالشام، والحجاج بالعراق، ومحمد بن يوسف باليمن، وعثمان بن حيان بالحجار، وقرة بن شريك بمصر، ويزيد بن أبي مسلم بالمغرب، امتلأت الأرض والله جوراً"[1].

ثانياً: التعجيل برد المظالم والإعلان عنها:

ما إن نزل عمر بن عبد العزيز عن المنبر يوم أته الخلافة حتى أرسل قبل صلاة الظهر منادياً ينادي في الناس: "من كانت له مظلمة فليدفعها"[2].

وأضاف في موضع آخر: "وما منكم من أحد تبلغنا حاجته لا يتسع له ما عندنا، إلا تمنيت أن يبدأ بي وبخاصتي حتى يكون عيشنا وعيشه سواء"[3] وقال: "من ظلمه حاكمه مظلمة فلا إذن له علي".[4]

ثالثاً: التعليمات والتوجيهات:

أصدر الخليفة عمر بن عبد العزيز رضي الله عنه تعليماته وإرشاداته للولاة والعمل بعدم ارتكاب المخالفات المالية، وحذرهم من السير على شاكلة من سبقهم في ظلم الرعية وإيقاع الجور والحيف بها.

---

(1) انظر: - سيرة عمر بن عبد العزيز لابن عبد الحكم - ط 2 - ص 141.
- السياسة المالية لعمر بن عبد العزيز - قطب إبراهيم - ص 199.

(2) سيرة عمر بن عبد العزيز - لابن الجوزي - ص 104.

(3) المرجع السابق ص 55.

(4) المرجع السابق ص 55.

فمن نصائحه: "كونوا في العدل والإصلاح والإحسان بقدر ما كان قبلكم في الظلم والجور والعدوان ولا حول ولا قوة إلا بالله.. إن الناس قد أصابهم بلاء وشدة وجور في أحكام الله وسنن سيئة سنها عليهم عمال السوء، الذين قلما قصدوا الحق والرفق والإحسان"[1].

ومن تعليماته أيضاً أن أعلن في موسم الحج مكافأة لمن يرشد عن مظلمة فقال: "أيما فرد قدم علينا في رد مظلمة في أمر يصلح بها خاصاً أو عاماً من أمر الدين، فله ما بين مائة دينار إلى ثلاثمائة بقدر ما يرى من الحسبة وبعد الشقة وطول السفر، وبقدر ما يحق الله به حقاً أو يميت به باطلاً، أو يفتح به من ورائه خيراً، ولولا أن أطيل عليكم فيشغلكم ذلك عن مناسككم لسميت أموراً من الحق أظهرها الله وأموراً من الباطل أماتها الله"[2].

رابعاً: تطبيق اللامركزية في مجال الرقابة المالية:

لتبسيط الإجراءات المالية ورد المظالم إلى أصحابها، أمر الخليفة عمر بن عبد العزيز بعدم مراجعته فيما يأمر به من رد المظالم، فقد كتب إلى عامله على اليمن قائلاً له: "أما بعد فأني أكتب إليك أن ترد على المسلمين مظالمهم فتراجعني... ولا تقدر المسافة بيني وبينك، ولا تعرف أحداث الموت.. حتى لو كتبت إليك أن أردد على مسلم شاة.. لأرسلت تسألني أن أردها عفراء أو سوداء.. فانظر أن ترد على المسلمين مظالمهم ولا تراجعني.. وتبين وجه الحق فيه ثم امضه"[3].

---

(1) سيرة عمر بن عبد العزيز لابن الجوزي ص 101.
(2) المرجع السابق ص 73.
(3) المرجع السابق ص 97.

خامساً: مراجعة الدواوين وجردها:

كتب عمر بن عبد العزيز إلى عماله بجرد الدواوين والنظر في كل جور فعله من قبله في حق مسلم أو معاهد فيرد إليه، فإن كان أهل تلك المظلمة قد ماتوا، يدفعه إلى ورثته[1].

سادساً: دعوة الأمة لتحمّل مسؤولياتها (الرقابة الشعبية):

كانت لعمر بن عبد العزيز فلسفة خاصة في تحمل المسؤولية، فهو يرى أن المسؤولية في الظلم مشتركة بين الحاكم والمحكوم، فإذا كان الحاكم عليه إثم المظالم، إن الرعية تحمل معه إثمه، إذا لم تراقبه، وتقف له بالمرصاد، وإذا لم تحاسب الرعية الولاة، أخطأت الرأي، وأصيبت بالحرمان، بل كان يرى أن الرعية التي لا تراقب الحاكم فتحاسب معه تستحق العقاب لأنها لم تنكر المعصية ولم ترفض الظلم[2].

وفي هذا الصدد قال الخليفة عمر بن عبد العزيز: "لا طاعة لمخلوق في معصية الله، ألا وإنكم تعدّون الهارب من ظلم إمامه عاصياً، ألا وإن أولاهما بالمعصية الإمام الظالم".[3]

تطبيقات على الرقابة المالية في عهد الخليفة عمر بن عبد العزيز:

- رفض عمر إعطاء عمّة له من بيت المال فقال له: يا أمير المؤمنين! كان عمك عبد الملك يجري عليّ كذا وكذا، ثم كان أخوك الوليد فزادني، ثم كان أخوك سليمان فزادني، ثم وليت أنت فقطعته عني. قال: يا عمة! إن عمي عبد الملك، وأخي الوليد وأخي سليمان كانوا يعطوك من مال المسلمين، وليس ذلك المال مالي فأعطيكه.."[4].

---

(1) السياسة المالية لعمر بن عبد العزيز قطب إبراهيم ص 97.
(2) النظم الإدارية للدكتور فرج الهوني ص 229.
(3) سيرة عمر بن عبد العزيز لابن عبد الحكم ص 37.
(4) المرجع السابق ص 63.

- خرج عمر بن عبد العزيز رضي الله عنه من مكة بعد أن حج وخرج معه عامله على مكة وبعض أعيانها ليودعوه، وفي الطريق أتاه رجل فقال: يا أمير المؤمنين، ظلمت ولا أستطيع أن أتكلم. فقال عمر للرجل: إن كنت صادقاً فتكلم ولا تخشى غير الله، قال الرجل: أصلحك الله يا أمير المؤمنين إن هاذ - وأشار إلى عامل عمر على مكة - سامني بما أملك وأعطاني به ستة آلاف درهم، فأبيت أن أبيعه، فاستعداه على غريم لي فحبسني فلم يخرجني حتى بعته بنصف ما فرض عليَّ آنفاً بثلاثة آلاف بدلاً من ستة آلاف، واستحلفني بالطلاق إن خاصمته أبداً. فانظر عمر إلى عامله على مكة ثم مس بالخيزران علامة ظهرت من كثرة السجود ما بين عينيه وصاح مؤنباً: هذه غرتني منك، ثم قال للرجل: اذهب فقد رددت عليك مالك ولا حنث عليك"[1].

المطلب الرابع: خلاصة تطور الرقابة المالية:

يكشف التطور الذي لحق بالرقابة المالية في النظام الاقتصادي الإسلامي عن بعض الملاحظات التالية:

أولاً: إن تعدد وتنوع أساليب ومظاهر الرقابة المالية في النظام الاقتصادي الإسلامي قد ارتبط بتطور النظام المالي للدولة واتساع مواردها ونفقاتها، فعندما كان النظام المالي محدود الموارد والنفقات في بداية نشأة الدولة الإسلامية انحصرت الرقابة المالية في الرقابة الذاتية، والرقابة الرئاسية، ولكن عندما زادت موارد الدولة ونفقاتها كانت الحاجة ماسة لإنشاء أجهزة ووسائل فعّالة لإحكام الرقابة على المال العام.

ثانياً: إن قوة وفعالية الرقابة المالية في النظام الاقتصادي الإسلامي تتوقف على مدى قوة الوازع الديني والأخلاقيات السائدة في المجتمع الإسلامي وهو ما

[1] السياسة المالية لعمر بن عبد العزيز قطب إبراهيم ص212.

أشرنا إليه بالرقابة الذاتية التي تنبع من ضمير الإنسان المسلم، والتي هي السياج المنيع الذي يحفظ المال العام ويدفعه على أداء وظيفته في المجتمع.

ثالثاً: النظام الاقتصادي الإسلامي عرف وطبق من طرق الرقابة على الأموال العامة ما يكفل صيانة المال العام والحفاظ عليه، وقد أتت هذه الطرق بنتائج طيبة ومتقدمة لما تتصف به من دقة وإحكام.

رابعاً: مرونة الاقتصاد الإسلامي - ومنه الرقابة المالية – في القدرة على الاستجابة لكل المتغيرات والتطورات ومواكبة ظروف كل مجتمع وفي كل عصر.

الفصل الأول

هيكل الرقابة المالية في النظام الاقتصادي الإسلامي

المبحث الأول: أهداف الرقابة المالية في النظام الاقتصادي الإسلامي وأهميتها.

- المطلب الأول: أهداف الرقابة المالية في الاقتصاد الإسلامي.
- المطلب الثاني: أهمية الرقابة المالية في الاقتصاد الإسلامي.

المبحث الثاني: مزايا الرقابة المالية في النظام الاقتصادي الإسلامي.

المبحث الثالث: القائمون بالرقابة المالية في النظام الاقتصادي الإسلامي.

- المطلب الأول: صفات القائمين بالرقابة المالية في النظام الاقتصادي الإسلامي.
- المطلب الثاني: طرق اختيار المراقبين في النظام الاقتصادي الإسلامي.
- المطلب الثالث: العوامل المساعدة على أداء المراقب المالي مهمته في الاقتصاد الإسلامي.

المبحث الرابع: الرقابة المالية على الإيرادات العامة وإنفاقها في النظام الاقتصادي الإسلامي.

- المطلب الأول: الرقابة المالية على الإيرادات العامة في النظام الاقتصادي الإسلامي.
- المطلب الثاني: الرقابة المالية على الإنفاق العام في النظام الاقتصادي الإسلامي.

المبحث الأول

أهداف الرقابة المالية في النظام الاقتصادي الإسلامي وأهميتها

- المطلب الأول: أهداف الرقابة المالية في الاقتصاد الإسلامي.
- المطلب الثاني: أهمية الرقابة المالية في الاقتصاد الإسلامي.

المبحث الأول

أهداف الرقابة المالية في النظام الاقتصادي الإسلامي وأهميتها

المطلب الأول: أهداف الرقابة المالية في النظام الاقتصادي الإسلامي:

الرقابية المالية على المال العام في النظام الاقتصادي الإسلامي تهدف إلى المحافظة على المال العام وصيانته من الهدر والضياع وغيرها.

إلا أن للرقابة المالية في النظام الاقتصادي الإسلامي أهدافاً أخرى ترنوا إلى تحقيقها في واقع الحياة، ونستطيع تلخيص بعض هذه الأهداف على النحو التالي: [1]

أولاً: التأكد من أن الإيرادات العامة تم تحصيلها وفق أحكام الشريعة الإسلامية وتم إيداعها في الجهات المخصصة لذلك.

ثانياً: التأكد من أن النفقات العامة تم صرفها وفق أحكام الشريعة الإسلامية وأنه تم استخدامها وفق الأغراض المخصصة لها دون إسراف أو انحراف.

ثالثاً: التأكد من أن الموارد استخدمت أفضل استخدام، وبأقصى نفع، وبكفاية اقتصادية عالية، مع الوقوف على المشكلات والعقبات والمعوقات والعمل على معالجة المشكلات وإزالة العقبات.

رابعاً: مراقبة الحالة الاقتصادية للتدخل لمنع الاحتكارات وتحديد الأسعار إذا اقتضت الضرورة ذلك ومنع التعامل بالربا وغيرها.

خامساً: التأكد من سلامة الأنظمة والتعليمات والقوانين المالية، والتحقق من كفايتها وانسجامها مع روح الشريعة الإسلامية، ومصلحة الأمة، واكتشاف نقاط

---

[1] انظر: - الرقابة في الإدارة العامة للدكتور محمد ياغي ص23 – 24.
- الرقابة المالية في الإسلام للدكتور عوف كفراوي ص231 – 232.
- الرقابة الإدارية والمالية على الأجهزة الحكومية د.حمدي قبيلات ص23 – 24.

الضعف والقصور في الأداء وتحديد الأخطاء، ثم محاولة إيجاد العلاج المناسب واقتراح التعديلات المناسبة بما يحقق القضاء على هذه الأخطاء والانحرافات.

سادساً: تحديد المسؤولية فيما يقع من أخطاء وانحرافات مالية، ومحاسبة المسؤولية، واتخاذ الإجراءات المناسبة كل حسب مسؤوليته.

سابعاً: حماية حقوق وحريات الأفراد من تجاوزات العمال ولولاة للاختصاصات المنوطة بهم أو إساءتهم لاستعمال السلطة الموكولة لهم.

هذه أهم أهداف الرقابة المالية في الاقتصاد الإسلامي، وكلها تصب في الهدف العام بالمحافظة على المال العام إيراداً وإنفاقاً، ومنع أي اعتداء عليه بالإضافة إلى تذليل المعوقات التي تحول استخدام المال العام بما يخدم المصلحة العامة، وفق أحكام الشريعة الإسلامية.

المطلب الثاني: أهمية الرقابة المالية في النظام الاقتصادي الإسلامي:

الرقابة المالية في الاقتصاد الإسلامي عملية ضرورية، وذات أهمية بالغة، ينظر إليها على أنها حجر الزاوية في الإدارة المالية وذلك لعدة اعتبارات منها:

1. أن القائمين على المال العام بشر وهم عرضة للخطأ، والطمع والاعتداء على المال العام، وخاصة مع استشراء ضعف الوازع الديني (الرقابة الذاتية)، لذلك يجب مراقبة المال العام في المحافظة عليه وصيانته من الخيانة والاعتداء.

2. أدّى اتساع الدولة الإسلامية إلى زيادة نشاط الإدارة المالية وتنوع أعمالها، الأمر الذي يستدعي مراقبة هذه النشاطات، والتأكد من أنها تسير وفق الأهداف الموضوعة، وضمن نطاق الأحكام الشرعية.

3. المال العام هو عصب الحياة الاقتصادية، وهو عرضة لسوء الاستعمال أو الاعتداء عليه، مما يوجب إخضاعه إلى رقابة فعّالة ومستمرة، لكي يؤدي المال العام دوره ووظيفته في المجتمع.

وتحدث ابن خلدون عن الظلم وما يؤدي إليه -مبيناً أن من أشد الظلم وأعظمه في إفساد العمران والدولة التسلط على أموال الناس حيث يقول: "اعلم أن العدوان على الناس في أموالهم ذاهب بآمالهم في تحصيلها لما يرونه حينئذ من أن مصيرها إنتهابها من أيديهم، وإذا ذهبت آمالهم على هذا النحو انقبضت أيديهم عن العمل والسعي والعمران، ووفوره إنما هو بالعمل والكسب، فإذا فقد الناس عن ذلك كسدت الأسواق وتبعثر الناس في الآفاق، فخف ساكن القطر، وخلت دياره، وخربت أمصاره، واختل باختلال حال الدولة والسلطان...

وقد وعظ أحد رجال الدين أحد ملوك الفرس فقال: إن الملك لا يتم عزه إلا بالشريعة والقيام لله بطاعته، والتصرف تحت أمره ونهيه.. وأنت أيها الملك عمدت إلى الضياع، فانتزعتها من أربابها وعماره، وهم أرباب الخراج ومن تؤخذ منهم الأموال، وأقطعتها الحاشية والخدم... فقلّت العمارة والأموال وهلك الجنود والرعية"[1] .

ونخلص إلى أن الرقابة المالية في الاقتصاد الإسلامي تلعب دوراً هاماً وأساسياً في المحافظة على المال العام، واستخدام إيراداته ونفقاته الاستخدام الأمثل ووفق أحكام الشريعة الإسلامية، وضمن نطاق المصلحة العامة.

---

[1] المقدمة لابن خلدون ط2 تحقيق د. وافي جـ 2 ص 489 وما بعدها.

المبحث الثاني

مزايا الرقابة المالية في النظام

الاقتصادي الإسلامي

المبحث الثاني

مزايا الرقابة المالية في النظام الاقتصادي الإسلامي

يتميز نظام الرقابة المالية في الاقتصاد الإسلامي بعدة ميزان نجملها في الآتي: [1]

أولاً: الرقابة المالية شرعية في المقام الأول:

تناول التشريع الإسلامي الأحكام التي تتعلق بالأموال العامة كسباً وإنفاقاً مما يحقق النفع منها، لذا فإن الرقابة المالية تتجه إلى العمل على أن تسير التصرفات المالية وفق الأحكام الشرعية المقررة.

ثانياً: الرقابة المالية في الاقتصاد الإسلامي إيجابية:

بمعنى أنها لا تقتصر ـ على كشف الأخطاء والانحرافات المالية، بل تتعدى إلى تصحيح الأخطاء والانحرافات إن وقعت وتجنب حدوثها مستقبلاً.

لذا كان لمتولي الرقابة سلطة تنفيذ القرارات والأحكام وقتياً، لتصحيح الانحرافات قبل استفحالها وفوات أوانها، وتعمل على رد الحقوق لأصحابها، وله سلطة التعزيز عما يقع من مخالفات مالية ليس لها حد في الشريعة الإسلامية.

---

[1] انظر: الرقابة في الإدارة العامة للدكتور محمد ياغي ص 145.

- النظم المالية في الإسلام قطب إبراهيم ص 248.
- الرقابة المالية في الإسلام للدكتور عوف كفراوي ص 238.
- الرقابة المالية في الشريعة الإسلامية حسين ريان ص 10.
- المنظور الإسلامي والوضعي للرقابة على الإدارة للدكتور نعيم نصير، مقال في مجلة جامعة الملك سعود ص 179.

ثالثاً: الرقابة المالية اقتصادية:

تعتبر الرقابة فعّالة إذا كانت تكاليفها أقل من الإنجاز المترتب على استخدامها، وهـذا يؤكد عـلى أن تكون الوسائل الرقابية قليلة التكلفة من حيث المـال والوقت، وهـذا مـا هـو متـوفر في الرقابة الماليـة في الاقتصاد الإسلامي، ولا أدل على ذلك من وجود الرقابة الذاتية التي هي صمام الأمان، كـما هـي نـوع مـن الرقابة الوقائية التي تتم قبل حدوث الانحراف، أي قبل استنزاف الموارد المختلفة، ولذلك فهي اقتصادية.

زيادة على ذلك وجود بعض الأجهزة التي تقوم بالرقابة المالية تطوعاً كأحد أنواع نظام الحسبة مثلاً، أو ما يقوم به والي المظالم أو الحسبة، حيث يصدرون الأحكام في حال وجـود مخالفـة ماليـة، دون الرجـوع إلى المحاكم وإجراءاتها التي تأخذ الوقت الكثير.

وبهذا فالرقابة في النظام الاقتصادي الإسلامي اقتصادية من حيث الوقت والتكلفة المالية.

رابعاً: الرقابة المالية وقائية مانعة:

بمعنى أنها تمنع المخالفات المالية قبل وقوعها، لأن النفس المؤمنـة تمنـع صـاحبها مـن الاعتـداء عـلى المال العام وهو ما يسمى بالرقابة الذاتية.

خامساً: الرقابة المالية رقابة مستقلة:

بمعنى أن القائمين بمهمة الرقابة مستقلون، ولا يتبعون للقائمين بالأعمال التنفيذية من وزراء ورؤسـاء دواوين وما إلى ذلك، بل كان يعينهم الخليفة الذي كان لا يستطيع عزلهم في بعـض الأحيـان، إذا هـو حـاد عن الحق، بل كان المراقب يختار أعوانه بنفسه حتى لا يكون لغيره أي تأثير عليهم وهو الـذي يعـزلهم إذا حامت حولهم الشبهات.

سادساً: الرقابة المالية في الاقتصاد الإسلامي ذات كفاءة ناجحة:

وذلك لأن من يمارس الرقابة المالية لابد من أن يتوفر فيه شروط معينة تجعله حارساً أميناً على المال العام، لا يخشى في الحق لومة لائم، فهو يمتاز بالعدل، والأمانة والكفاءة والخبرة الرقابية التي تتناسب مع الأعمال المشمولة برقابتهم.

سابعاً: الرقابة المالية في الاقتصاد الإسلامي تمتاز بالوضوح والمرونة:

الوضوح شرط أساسي في أي نظام للرقابة بحيث يمكّن كل من يمارس عملية الرقابة أن يفهمه ويطبقه، وهذا يؤدي إلى وجود الثقة بين المراقب (بالكسر) والمراقب (بالفتح)، وكلما اطمأن من تقع عليه الرقابة لمن يقوم بالرقابة أمكن كشف الأخطاء دون تخوف وأمكن إصلاحها بطريقة يتقبلها كل موظف طواعية ومن رغبة في تعرف أسبابها[1].

أما سمة المرونة فيقصد بها أن يصمم نظام الرقابة بحيث يكون قابلاً لمواجهة أي احتمال، وأن يكون قابلاً للتعديل والتطوير دون أن يكون له أي تأثير في فاعليته[2].

ففي فترة صدر الإسلام، وعندما كانت قوة الوازع الديني في أعلى مستوى لها، كانت الرقابة الذاتية هي الوسيلة الرئيسة لردع الفرد ومنع انحرافه، ومع توسع الدولة وكثرة إيراداتها وتوسع نفقاتها وضعف الوازع الديني. وبالتالي أنشئت المؤسسات الرقابية المالية المختلفة كالدواوين ونظام الحسبة والمظالم وغيرها.

هذه هي أهم مزايا الرقابة المالية في النظام الاقتصادي الإسلامي، وهي مزايا جعلت منها رقابة فعّالة في المحافظة على المال العام من العبث والضياع، وهذا التميز في الرقابة المالية في الاقتصاد الإسلامي ليس مستغرباً لأنه جزء لا يتجزأ من الشريعة الإسلامية المحكمة.

---

[1] انظر: الرقابة الإدارية مفهومها وأبعادها للدكتور عبد المنعم خميس مجلة الإدارة ص 58.

[2] انظر: المرجع السابق ص 59.

المبحث الثالث

القائمون بالرقابة المالية في النظام

الاقتصادي الإسلامي

- المطلب الأول: صفات القائمين بالرقابة المالية في النظام الاقتصادي الإسلامي.

- المطلب الثاني: طرق اختيار المراقبين في النظام الاقتصادي الإسلامي.

- المطلب الثالث: العوامل المساعدة على أداء المراقب المالي مهمته في الاقتصاد الإسلامي.

المبحث الثالث

القائمون بالرقابة المالية في النظام الاقتصادي الإسلامي

المطلب الأول: الصفات الواجب توافرها في المراقب في النظام الاقتصادي الإسلامي:

أوجب الإسلام تولية الكفء الصالح والجدير بوظيفة المراقب تطبيقاً لقوله تعالى: (إِنَّ خَيْرَ مَنِ اسْتَأْجَرْتَ الْقَوِيُّ الأَمِينُ) [1]، ولقوله صلى الله عليه وسلم: (من استعمل رجلاً من عصابة وفي تلك العصابة من هو أرضى لله منه فقد خان الله وخان رسوله وخان المؤمنين[2].

ولذا يقول ابن تيمية: "يجب على كل من ولي من أمر المسلمين أن يستعمل فيما تحت يده في كل موضع أصلح من يقدر عليه، فإن كانت الحاجة في الولاية إلى الأمانة أشد، قدم الأمين مثل حفظ الأموال ونحوها، فأما استخراجها وحفظها فلابد فيه من قوة وأمانة فيولى عليها شاد[3] قوي يستخرجها بقوة، وكانت أمين يحفظها بخبرته وأمانته..." [4].

وبصفة عامة فقد عني الإسلام بوضع شروط معينة فيمن يشغل وظيفة المراقبة على نحو تكفل بالمحافظة على المال العام والقيام بمهمة الرقابة على أحسن وجه، ومن هذه الشروط:

---

[1] سورة القصص آية 26.

[2] المستدرك على الصحيحين للحاكم النيسابوري ج 4 ص 92.

[3] شاد: الجامع للشيء من علم وأدب ومال. انظر: السياسة الشرعية لابن تيمية ص 10.

[4] انظر: المرجع السابق ص 10 وما بعدها.

أولاً: الكفاية التكليفية: (أن يكون لمراقبة مسلماً بالغاً عاقلاً)

يشترط فيمن يمارس الرقابة المالية أن يكون مسلماً، فلا يجوز أن يتولاها غير مسلم وذلك للآتي:

أولاً: إن الرقابة المالية سلطة وولاية وليس لغير المسلم ولاية على المسلم خاصة وأن الرقابة قد تصل إلى ولي الأمر في الدولة الإسلامية، فكيف نسوِّغ لغير المسلم مثل هذه السلطة والولاية[1].

ثانياً: الرقابة المالية يشترط لها الأمانة، وغير المسلم ليس بأمين ولهذا قال عمر بن الخطاب رضي الله عنه لأبي موسى الأشعري في كاتبه النصراني: "لا تكرموهم إذ أهانهم الله، ولا تأمنوهم إذ خونهم الله، ولا تدنوهم إذ أقصاهم الله. فقال أبو موسى: لا قوام للبصرة إلا به. فقال عمر رضي الله عنه: مات النصراني والسلام. يعني هب أنه قد مات فما كنت صانعاً حينئذ، فاصنعه الساعة واستعن عنه بغيره"[2].

وقد ذكر أبو يعلى أن الإمام أحمد سئل: أيستعمل اليهودي والنصراني في أعمال المسلمين مثل الخراج فقال: "لا يستعان بهم في شيء"[3].

أما بالنسبة للبلوغ والعقل فهي من تمام الكفاية التكليفية، فالصبي الصغير والمجنون لا ينبغي أن تسند إليهم تكاليف، لأن تصرفاتهم غير نافذة لقوله صلى الله عليه وسلم: (رفع القلم عن ثلاث: عن النائم حتى يستيقظ وعن الصغير حتى يكبر، وعن المجنون حتى يعقل أو يفيق)[4].

---

(1) انظر: رقابة الأمة على الحكام للدكتور علي حسنين ص 291.

(2) فقه الزكاة للقرضاوي جـ 2 ص 586 وانظر أيضاً: الكشاف للزمخشري جـ 1 ص 619.

(3) الأحكام السلطانية لأبي يعلى الفراء ص 115.

(4) السنن لأبي داود في كتاب الحدود باب في المجنون يسرق أو يصيب حداً حديث رقم 4398 وانظر أيضاً المستدرك للحاكم جـ 2 ص 59 وقال عنه حديث صحيح على شرط مسلم.

ثانياً: الكفاية الأخلاقية:

الكفاية الأخلاقية لابد من توافرها في المراقبين، لأن توفرها يترتب عليه الشعور الدائم برقابة الله تعالى، فهو ينتظر الثواب الأخروي، فهو يعمل بعيداً عن السمعة والرياء، أو طمع في مال أو ترقية، ومظاهر هذه الكفاية كثيرة كالحلم والصبر وغيرها، إلا أننا سنركز على اثنتين فقط، لحاجتهما للمراقب بشكل خاص وهما:

الأمانة: تتعلق الأمانة بالجانب الأخلاقي للمراقب، لأن المراقب مؤتمن على أموال المسلمين، فلا يجوز أن يكون فاسقاً خائناً، قال تعالى: (إِنَّ خَيْرَ مَنِ اسْتَأْجَرْتَ الْقَوِيُّ الأَمِينُ) [(1)]، وقال تعالى:(قَالَ اجْعَلْنِي عَلَى خَزَائِنِ الأَرْضِ إِنِّي حَفِيظٌ عَلِيمٌ) [(2)]، فالحفظ يعني الأمانة والعلم يعني الخبرة، وهما أساس كل عمل ناجح[(3)].

وترجع الأمانة إلى خشية الله تعالى دائماً والاعتصام إليه، والتزام الحق والعدل وحسن الأداء والتضحية في سبيل الخير العام[(4)].

كما أن من مستلزمات الأمانة للمراقب العدالة لقوله تعالى: (إِنَّ اللَّهَ يَأْمُرُكُمْ أَنْ تُؤَدُّوا الأَمَانَاتِ إِلَى أَهْلِهَا وَإِذَا حَكَمْتُمْ بَيْنَ النَّاسِ أَنْ تَحْكُمُوا بِالْعَدْلِ) [(5)].

---

(1) سورة القصص آية 26.
(2) سورة يوسف آية 55.
(3) فقه الزكاة للقرضاوي جـ 2 ص 587.
(4) انظر: السياسة الشرعية لابن تيمية ص 26.
(5) سورة النساء آية 58.

يقول القرطبي رحمه الله: "هذه الآية من أمهمات الأحكام تضمنت جميع الدين والشرع...، فهي تتناول الولاة فيما وكل إليهم من الأمانات في قسمة الأموال ورد الظلامات والعدل في الحكومات...، فالآية شاملة بنظمها لكل أمانة"[1].

ولما للأمانة من أهمية، عظم الله شأنها في القرآن الكريم لقوله تعالى:(إِنَّا عَرَضْنَا الْأَمَانَةَ عَلَى السَّمَاوَاتِ وَالْأَرْضِ وَالْجِبَالِ فَأَبَيْنَ أَنْ يَحْمِلْنَهَا وَأَشْفَقْنَ مِنْهَا وَحَمَلَهَا الْإِنْسَانُ إِنَّهُ كَانَ ظَلُومًا جَهُولًا)[2].

يقول القرطبي رحمه الله: "والأمانة تعم جميع وظائف الدين على الصحيح من الأقوال"[3].

كما أثنى الرسول صلى الله عليه وسلم على الخازن الأمين الذي يؤدي ما أمر به طيبة به نفسه، وجعله أحد المتصدقين، مع أن المال الذي تصدق منه ليس ملكه، إنما هو خازن فقط، فلما كان والياً لخزانته وأدى حقوق الناس في ولايته استحق ذلك التكريم لأمانته. روى أبو موسى الأشعري رضي الله عنه قال: قال رسول الله صلى الله عليه وسلم: (الخازن المسلم الذي ينفذ ما أمر به فيعطيه كاملاً موفراً طيبة به نفسه فيدفعه إلى الذي أمر له به أحد المتصدقين)[4].

ومن تطبيقات الرسول صلى الله عليه وسلم أيضاً ما رواه حذيفة رضي الله عنه قال: قال رسول الله صلى الله عليه وسلم لأهل نجران: (لأبعثن عليكم أميناً حق أمين، فأشرف أصحابه، فبعث أبا عبيدة رضي الله عنه)[5].

---

(1) الجامع لأحكام القرآن للقرطبي جـ 5 ص 255 وما بعدها.

(2) سورة الأحزاب آية 72.

(3) الجامع لأحكام القرآن للقرطبي جـ 14 ص 253.

(4) صحيح مسلم بشرح النووي باب أجر الخازن جـ 7 ص 111.

(5) صحيح البخاري جـ 1 ص 14 وانظر أيضاً: صحيح مسلم جـ1 ص 78.

ب-العدالة: إن غاية الرقابة المالية هو تحقيق العدالة، لذا لابد أن يتوفر في المراقب العدالة حتى يقف في وجه الحيف والظلم، قال تعالى: (يَا أَيُّهَا الَّذِينَ آمَنُوا كُونُوا قَوَّامِينَ لِلَّهِ شُهَدَاءَ بِالْقِسْطِ وَلَا يَجْرِمَنَّكُمْ شَنَآنُ قَوْمٍ عَلَى أَلَّا تَعْدِلُوا اعْدِلُوا هُوَ أَقْرَبُ لِلتَّقْوَى)[1].

يقول ابن القيم: "ولهذا يجب على كل ولي أمر أن يستعين في ولايته بأهل الصدق والعدل، والأمثل فالأمثل"[2].

ويقول عمر رضي الله عنه: "من قلد رجلا على عصابة، وهو يجد في تلك العصابة من هو أرضِ في ذلك، فيجب تحري خير الخيرين ودفع شر الشرين"[3].

وفي هذا الصدد يقول الرسول صلى الله عليه وسلم: (العامل على الصدقة بالحق كالغازي في سبيل الله حتى يرجع إلى بيته)[4].

ثالثاً: الكفاية العلمية:

أي أن يكون عالماً بأحكام المال إيراداً وإنفاقاً كما قال يوسف عليه السلام للملك:(قَالَ اجْعَلْنِي عَلَى خَزَائِنِ الْأَرْضِ إِنِّي حَفِيظٌ عَلِيمٌ)[5] وهو ما كان يطبقه عمر بن الخطاب رضي الله عنه الذي كان يطوف بالسوق ويضرب بعض التجار بالدرة ويقول: "لا يبع في سوقنا إلا من تفقه، وإلا أكل الربا شاء أم أبى"[6].

---

(1) سورة المائدة آية 8.

(2) الطرق الحكمية لابن القيم ص 238.

(3) المرجع السابق ص 238.

(4) السنن للترمذي كتاب الزكاة باب ما جاء في العامل على الصدقة بالحق رقم 645 جـ 3 ص 28 وقال الترمذي حديث حسن. وانظر أيضاً: السنن لأبي داود كتاب الخراج باب في السعاية على الصدقة رقم 2817.

(5) سورة يوسف آية 55.

(6) انظر: إحياء علوم الدين للغزالي جـ 2 ص 66.

وفي ذلك يقول أبو يوسف في كتابه الخراج: "رأيت أن تتخذ قوماً من أهل الصلاح والدين والأمانة فتوليهم الخراج، ومن وليت منهم فليكن فقيهاً عالماً مشاوراً لأهل الرأي عفيفاً... فإذا لم يكن عدلاً ثقة أميناً فلا يؤتمن على الأموال"[1].

وبالتالي لابد أن يكون المراقب من أهل الاختصاص بطبيعة عمله، وعلى دراية تامة كي يؤدي عمله على أحسن وجه.

رابعاً: الكفاية العملية:

أي أن يكون كافياً لعمله، أهلاً للقيام به، قادراً على أعبائه[2].

إن الكفاية الأخلاقية والعلمية لا تكفي وحدها في المراقب إذا لم يؤيدها قوة وقدرة وحزم، فهاذ الرسول صلى الله عليه وسلم يسدي النصح والإرشاد لأبي ذر رضي الله عنه بقوله: (يا أبا ذر إنك ضعيف، وإنها أمانة، وإنها يوم القيامة خزي وندامة، إلا من أخذها بحقها وأدى الذي عليه فيها)[3].

هذا بالرغم مما ورد على لسان الرسول صلى الله عليه وسلم في وصف أبي ذر حين قال: (ما أظلت الخضراء (السماء) ولا أقلت الغبراء (الأرض) أصدق لهجة من أبي ذر).[4]

ومن هذا نخلص إلى أن معيار الاختيار للمراقب توفر الكفاية العملية من قوة وقدرة وخبرة وغيرها، ولأن عدم توفر الكفاية العملية فيها ضياع لحقوق الناس وهذه الكفاية تكسب بالدراسة والعلم والتدرب.

---

(1) الخراج لأبي يوسف ص 106.
(2) انظر: فقه الزكاة للقرضاوي جـ 2 ص 587.
(3) صحيح مسلم بشرح الإمام النووي كتاب الإمارة باب كراهة الإمامة بغير ضرورة جـ 12 ص 209.
(4) المستدرك للحاكم جـ 3 ص 342 وانظر أيضاً: السياسة الشرعية لابن تيمية ص 17.

المطلب الثاني: طرق اختيار المراقب في الاقتصاد الإسلامي:

هناك طرق متعددة عرفها الإسلام لاختيار الموظفين - ومن بينها المراقب - وهي ليست إلا مجرد طرق اتبعت لملاءمتها للظروف التي كانوا يعيشون فيها، فهي ليست أمراً مفروضاً ولا واجب الإتباع على سبيل الإلزام ولكن يمكن من الاسترشاد بها لتحقيق المساواة والعدالة بين الأفراد، فمن هذه الطرق:

أولاً: الحرية في الاختيار (تقدم المعرفة):

تقوم هذه الطريقة على أساس الحرية الكاملة للخليفة أو لوالي السلطة في اختيار الموظفين - ومن بينها المراقبين - إلا أن هذه الطريقة يرى البعض أن فيها عيباً، لأن هذه الطريقة من شأنها أن تفتح الأبواب للأهواء الشخصية والوساطة، وتصبح بالتالي مجالاً للمزايدة، إلا أنها طبقت في عهد الرسول صلى الله عليه وسلم والخلفاء الراشدين وكانت مثلاً يحتذى به، ولعل ذلك يرجع إلى أن الرسول صلى الله عليه وسلم والخلفاء كانوا على علم يقين بكل صحابتهم، ويعرفون قدراتهم ومدى كفاءتهم في العمل، فضلاً من أن الوازع الديني كان قوياً في هذه الفترة، ويقف حائلاً دون التحيز والوساطة، ويصون وجوه السلوك البشري من الانحراف أو الالتواء[1] .

ثانياً: الاختيار عن طريق الإعلان:

حيث يعلن عن وظيفة المراقب المالي وتتحدد شروطه، ومواصفاته، ومن الأمثلة على ذلك ما حدث في عهد الخليفة عمر بن الخطاب رضي الله عنه حيث قال يوما لأصحابه: "أشيروا علي ودلوني على رجل أستعمله في أمر قد دهمني فقولوا ما عندكم، فإني أريد رجلاً إذا كان في القوم وليس أميرهم كان كأنه أميرهم، وإذا كان أميرهم كان كأنه واحد منهم، فقالوا: ترى لهذه الصفة الربيع بن زيادة الحارثي، فأشير على أمير المؤمنين به، فأحضره وولاه، فوفق في عمله وقام فيه بما أربى

[1] انظر: المبادئ الأساسية للوظيفة العامة في الإسلام د. محمد أنس جعفر ص 18 - 19.

على رجاء عمر فيه وزادة على عمله، فشكر عمر من أشاروا عليه بولاية الربيع"[1].

ثالثاً: الاختيار عن طريق الاختبار والمساءلة:

وهي من أفضل الطرق لاختيار المراقب، إذ عن طريقها يتحقق مبدآن هما تكافؤ الفرص والمساواة بين الأفراد.

وكان أول تطبيق للاختبارات في عهد الرسول صلى الله عليه وسلم حينما أراد أن يبعث معاذ بن جبل إلى اليمن حيث سأله: (بم تقضي؟ فأجاب: بكتاب الله. فسأله: فإن لم تجد؟ فأجاب: بسنة رسول الله. فسأله: فإن لم تجد؟ فأجاب: أجتهد رأيي ولا آلو، فضرب الرسول صلى الله عليه وسلم صدر معاذ، وقال: الحمد لله الذي وفق رسول رسول الله لما يرضي الله ورسوله) [2].

ومن التطبيقات أيضاً قول عمر بن الخطاب رضي الله عنه: "أرأيتم لو استعملت عليكم خير من أعلم، ثم أمرته بالعدل، أكنت قضيت ما علي؟ قالوا: نعم، قال: لا، حتى أنظر في عمله أعمل بما أمرته أم لا"[3].

ومن التطبيقات أيضاً: لقد رأى عمر بن عبد العزيز بلال بن أبي بردة يكثر الصلاة، ويلازم المسجد، وفكر في أن يوليه العراق ولكن بعد أن يتأكد من أن باطنه كظاهره المعلن، فوكل به العلاء بن المغيرة ليسبر غوره فوجده يطلب الحكم، ويدفع مالاً على ذلك، فأخبر به عمر فقال: إن بلالا غرّنا بالله فكدنا نغتر، فكسبناه فوجدناه خبيثاً كله [4].

---

[1] الإدارة الإسلامية في عز العرب د. محمد كرد علي ص 34.
[2] صحيح البخاري رقم 1496 الفتح ج3 ص357 وانظر أيضاً السنن للترمذي ج3 ص22.
[3] انظر: المبادئ الأساسية للوظيفة العامة في الإسلام د.محمد أنس ص 21.
[4] الإدارة الإسلامية في عز العرب محمد كرد علي ص 109.

ويقول الإمام علي رضي الله عنه لعامله على مصر: انظر في أمور عمالك واستعملهم اختباراً، وتوخ منهم أهل التجربة والحياء...[1].

رابعاً: التعيين تحت الاختبار:

وهي أن يعين المراقب تحت الاختبار لفترة من الزمن، فإذا أثبت الشخص جدارته بالعمل تم تثبيته في الوظيفة وإلا عزله.

وقد كان هذا معمولاً به في عهد الخلفاء الراشدين، ويروى أن عمر بن الخطاب رضي الله عنه أخضع الأحنف بن قيس لاختبار دام عاماً كاملاً وقال له: "يا أحنف إني قد بلوتك وخبرتك، فرأيت علانيتك حسنة، وأنا أرجو أن تكون سريرتك على مثل علانيتك"[2]

المطلب الثالث: العوامل التي تساعد على أداء المراقب المالي مهمتة في الاقتصاد الإسلامي:

بعد اختيار المراقب المالي وفق المواصفات السابقة، وحتى يؤدي المراقب مهمته على أتم وجه لابد من توفر أمرين لتحقيق مهمته:

الأمر الأول: نظام عقوبات رادع للمراقبين:

مما يجعل المراقب يؤدي مهمته بفعاليّة تامة وجود نظام للعقوبات يردعه من ارتكاب أي مخالفة مالية، أو إخلال في وظيفته بشكل عام.

وفي النظام الاقتصادي الإسلامي توجد عقوبتان:

- عقوبة في الآخرة: وهذه متروك أمرها إلى الله سبحانه وتعالى.

---

[1] النفقات العامة في الإسلام د. يوسف إبراهيم ص 303 نقلاً عن شرح نهج البلاغة للدكتور محمد عبده جـ 3 ص 95.
[2] مناقب عمر لابن الجوزي ص 119.

- عقوبة في الدنيا: ومن العقوبات التي كانت تقع على خيانة ولاة بيت المال أو المشرفين على الأموال العامة ما يلي:

أولاً: اللوم والتوبيخ:

ليس للتوبيخ صورة معينة يتم فيها، وإنما تتنوع صوره، فإمّا الإعراض عن الشخص مرتكب المخالفة، أو بتوجيه حديث عنيف له باستخدام الألفاظ والعبارات التي يكون فيها زجر للشخص وغيرها.

فعن أبي هريرة رضي الله عنه قال: قام فينا رسول الله صلى الله عليه وسلم ذات يوم فذكر الغلول فعظمه وعظم أمره ثم قال: (لا أُلفِينَّ أحدكم يجيء يوم القيامة على رقبته بعير له رغاء يقول: يا رسول الله أغثني، فأقول: لا أملك لك شيئاً قد أبلغتك، لا أُلفِينَّ أحدكم يجيء يوم القيامة على رقبته فرس له حمحمة، فيقول: يا رسول الله أغثني، فأقول: لا أملك لك شيئاً قد أبلغتك، لا أُلفِينَّ أحدكم يجيء يوم القيامة على رقبته شاة لها ثغاء، يقول: يا رسول الله أغثني فأقول: لا أملك لك شيئاً قد أبلغتك، لا أُلفِينَّ أحدكم يجيء يوم القيامة على رقبته نفس لها صياح، فيقول: يا رسول الله أغثني، فأقول: لا أملك لك شيئاً قد أبلغتك، لا أُلفِينَّ أحدكم يجيء يوم القيامة على رقبته رقاع تخفق فيقول: يا رسول الله أغثني، فأقول: لا أملك لك شيئاً، قد أبلغتك، لا أُلفِينَّ أحدكم يجيء يوم القيام على رقبته صامت (الذهب)، فيقول: يا رسول الله أغثني، فأقول: لا أملك لك شيئاً قد أبلغتك) [(1)].

ومن صور التطبيقات العملية للوم والتوبيخ وف يعهد السلف الصالح:

- روي أن عمر بن الخطاب رضي الله عنه وبخ أحد عملاه، وذلك عندما أراد أن يهديه حلة من الغنائم التي غنمهما المسلمون في إحدى الغزوات، ذلك: "أن سلمة بن قيس أرسل مع رجل من قومه حلية إلى عمر بن الخطاب رضي الله عنه، وحين رأى عمر رضي الله عنه ذلك غضب ونهض من جلسته، وكان يأكل وقال لا أشبع الله بطن

(1) صحيح مسلم بشرح الإمام النووي باب غلظ تحريم الغلول جـ 12 ص 217.

عمر، ونادى على خادمـه وأمـره أن يلـوي عنـق هـذا الرجل ثـم لام ووبخ سلـمه

ورسوله"(1).

- بلغ عبد الملك بن مروان أن بعض كتابه قبل هدية، فقال له: "والله إن كنت قبلت هديـة لا تنـوي

مكافأة المهدي لها إنك لئم دنيء، وإن كنت قبلتها تستكفي رجلاً لم تكن تستكفيه لولاها إنك

خائن، وإن كنت نويت تعويض المهدي عن هديته وأن لا تخون لـه أمانـة، ولا تثلم لـه ديناً فقد

قبلت ما بسط عليك لسانك معامليك، وأطمع فيك سائر مجاوريك، وسلبك هيبته سلطانك..."(2)

ثانياً: حرق متاع الغال وضربه:

والغال هو السارق لأموال الغنيمة أو للمال العام عموماً(3).

وقد طبق الرسول صلى الله عليه وسلم على الغال هذا الجزاء، فجاء في الحديث الشريف عـن عمر

بن الخطاب رضي الله عنه أن النبي صلى الله عليه وسلم قال: **(إذا وجدتـم الغال فأحقوا متاعه واضربـوه)**

(4)

---

(1) تاريخ الرسل والملوك للطبري جـ 4 ص 187.

(2) الإدارة الإسلامية في عز العرب محمد كرد علي ص 87.

(3) انظر: شرح النووي لصحيح مسلم جـ 12 ص 216.

(4) السنن لأبي داود كتاب الجهاد باب عقوبة الغال رقم الحديث 2713 جـ 3 ص 157.

وانظر أيضاً: السنن للترمذي كتاب الحدود باب الغال ما يصنع به رقم الحديث 1502 جـ 4 ص 61 وقال الترمذي

حديث غريب لا نعرفه إلا من هذا الوجه والحديث ضعيف.

انظر: - ضعيف سنن أبي داود للألباني ص 264 حديث رقم 58.

- ضعيف سنن الترمذي للألباني ص 168 حديث رقم 345

قال النووي في شرح صحيح مسلم "أجمع المسلمون على تغليظ تحريم الغلول وأنه من الكبائر وأجمعوا على أن عليه رد

ما غله.. أما عن صفة الغال فقال جمهور العلماء: يعزر على حسب ما يراه الإمام ولا يحرق متاعه وهذا قول مالك

والشافعي وأبي حنيفة ومن لا يحصى من الصحابة والتابعين.وقال مكحول والحسن والأوزاعي يحرق رحله ومتاعه كله.

انظر: صحيح مسلم بشرح النووي جـ 12 ص 217.

كما طبق صحابة رسول الله صلى الله عليه وسلم هذا الجزاء أيضا، فكان أبو بكر الصديق رضي الله عنه يوصي عماله: ألا يخونوا ولا يغلوا، ومن يغلل كان يحرق متاعه ويضربه[1].

ثالثاً: المصادرة:

من العقوبات التي كانت توقع على العمال في الدولة الإسلامية مصادرة الأموال التي حصلوا عليها دون وجه حق مستغلين وظيفتهم وما أوكلوا إليه من مهام وخير شاهد على ذلك ما حدث مع ابن اللتيبة[2].

وتتضح المصادرة أكثر في قوله صلى الله عليه وسلم: (في كل أربعين من الإبل السائمة بنت لبون، من أعطاها مؤتجرا فله أجرها، ومن منعها فإنا آخذوها وشطر ماله عزمة من عزمات ربنا، ليس لآل محمد فيها شيء)[3].

والشواهد من حياة الصحابة كثيرة، فكان من عادة عمر بن الخطاب رضي الله عنه يكتب أموال عماله إذا ولاهم ثم يقاسمهم ما زاد على ذلك وربما أخذه منهم، ويرى أنه صادر أموال عامله على مصر عمرو بن العاص لأنه فشت له فاشية من متاع ورقيق وآنية وحيوان لم تكن له حين ولي مصر فادعى عمرو بن العاص أن أرض مصر أرض مزدرع ومتجر وأنها أثمان خيل تناتجت وسهام اجتمعت، وأنه يصيب فضلا عما يحتاج إليه لنفقته ومع ذلك قاسمه عمر رضي الله عنه ماله[4].

كما صادر أموال أبي هريرة رضي الله عنه عامله على البحرين لأنه اجتمعت له عشرة آلاف وقيل عشرون ألفا وأدعى أن خيله تناسلت وسهامه تلاحقت وأنه أتجر، فقال له عمر رضي الله عنه: انظر رأس مالك ورزقك فخذه واجعل الآخر في بيت المال[5].

---

[2] انظر: المبادئ الأساسية للوظيفة العامة في الإسلام د. محمد أنس ص 46.

[2] انظر: ص 11 من هذا البحث.

[3] السنن لأبي داود كتاب الزكاة باب في زكاة السائمة رقم الحديث 1575 جـ 2 ص 233.

وانظر:السنن للنسائي كتاب الزكاة باب عقوبة مانع الزكاة رقم الحديث 2444 جـ5 ص17.

[4] الإدارة الإسلامية في عز العرب محمد كردعلي ص 38.

[5] المرجع السابق ص 38.

كما يروى أيضا أنه مر ببناء يبنى بحجارة وجص، فقال: لمن هذا؟ فذكروا عـاملاً لـه عـلى البحـرين، فقال: أبت الدراهم إلا أن تخرج أعناقها! وشاطره ماله. وكان يقول: لي على كل خائن أمينان الماء والطـين[1]

.

رابعاً: العزل:

العزل من، الوظيفة من أقـسى العقوبات التي كانت تقع عـلى عـمال الدولـة، إذ يترتـب عليه إنهاء خدمات العامل.

وكان هذا أسلوب الخلفاء الراشدين، فكان شعار عمر: خير لي أن أعزل كل يـوم عـاملاً مـن أن أبقـى ظالماً ساعة من النهار"[2] .

وللعزل أسباب ذكرها الماوردي منها: [3]

1. أن يكون سببه خيانة ظهرت منه فيعزل مع استرجاع الخيانة والمقابلة عليها بالزواجر المقومة.
2. أن يكون سببه عجزه وقصور كفايته.
3. أن يكون السبب اختلال العمل من عسفه (ظلمه) أو خرقه.
4. أن يكون سببه انتشار العمل به من لينه وقلة هيبته.

يقول علي بن أبي طالب رضي الله عنه: "لا خير في معين مهين، ولا في صديق حنين"[4] .

5. أن يكون سببه فضل كفايته وظهور الحاجة إليه فيما هو ا:ثر من عمله، فهذا أجـل وجـوه العـزل، وليس يعزل في الحقيقة، وإنما نقل من عمله إلى ما هو أجل منه.
6. أن يكون سببه وجود من هو أكفأ منه.

---

[1] المرجع السابق ص 38.
[2] انظر: النظم الإسلامية للدكتور صبحي الصالح ص 89.
[3] انظر: قوانين الوزارة للماوردي ص 196.
[4] نهج البلاغة شرح محمد عبده جـ 2 ص 69.

من التطبيقات:

- عزل الرسول صلى الله عليه وسلم العلاء بن الحضرمي عامله على البحرين لأن وفد عبد قيس شكاه[1].
- عزل الخليفة المهدي عامله على ولاية الجزيرة زفر بن عاصم، حينما رأى وهو في طريقه إلى بيت المقدس قصراً عظيماً تبين أنه للوالي زفر، فاعتبر الخليفة المهدي ذلك مؤشراً على الترف وحب الدنيا وتبذير الأموال العامة وابتعاداً عن هموم المسلمين[2].

وينبغي ملاحظة أن ما ذكر من صور للرقابة والمحاسبة في مجال العقوبات لم يقصد منه الإحاطة، بل تقديم صورة مما كان يجري من هذه العقوبات.

الأمر الثاني: نظام الرواتب والحوافز للمراقبين:

من شأن نظام الحوافز والرواتب أن يدفع المراقبين إلى حسن السيرة والاستقامة والإخلاص في العمل، والبعد عن مواطن الشبهة أو الرشوة، أو الخيانة.

وقد أدرك السلف الصلاح أهمية هذا الأمر، فقد روى أن أبا عبيدة عامر بن الجراح قال لعمر بن الخطاب رضي الله عنه دنست أصحاب رسول الله صلى الله عليه وسلم، فقال له عمر: يا أبا عبيدة، إذا لم أستعن بأهل الدين على سلامة ديني فبمن أستعين؟ قال: أما إن فعلت فأغنهم بالعمالة عن الخيانة، يقول إذا استعملتهم على شيء فأجزل لهم في العطاء والرزق، لا يحتاجون[3].

وورد أن الرسول صلى الله عليه وسلم كان في عهده يحدد أجور العاملين بنفسه بما يتناسب وأعباء الوظيفة وحجم العمل، ولقد استعمل الرسول صلى الله عليه وسلم عتاب بن أسيد والياً على مكة ورزقه كل يوم درهماً،[4] وكان ذلك أول أجر يعطى في الإسلام.

---

(1) الإدارة الإسلامية في عز العرب محمد كرد علي ص 12.
(2) الإدارة العربية الإسلامية د. عامر الكبيسي ص 256.
(3) الخراج لأبي يوسف ص 113.
(4) التراتيب الإدارية للكتاني جـ 1 ص 241.

والأجر[1] الذي يجب أن يعطى للمراقب هو الأجر الذي يوفر له ولأسرته العيش الكريم، ويحفظه من الانزلاق إلى استغلال المال العام،يقول الرسول صلى الله عليه وسلم: (من كان لنا عاملاً فليكتسب زوجة، وإن لم يكن له خادم فليكتسب خادماً، فإن لم يكن له مسكناً فليكسب مسكناً) [2].

وانطلاقاً من تعيين الرواتب الكافية للولاة فقد منعم الرسول صلى الله عليه وسلم من أخذ الهدايا من أفراد الرعية، واعتبر ذلك خيانة وحراماً، فقال صلى الله عليه وسلم: (هدايا الأمراء غلول) [3].

كما كان علي بن أبي طالب رضي الله عنه يوصي عماله أن يكونوا عادلين في إعطاء الرواتب المناسبة للعاملين تحت إشرافهم، وقد كتب للأشتر النخعي واليه على مصر في هذا الخصوص فقال: ".. ثم أسبغ عليهم الأرزاق (يعني الأجور) فإن ذلك قوة لهم على استصلاح أنفسهم، وغنى لهم عن تناول ما تحت أيديهم.." [4].

---

[1] للمزيد من التفاصيل في أسس تحديد الأجر، يراجع الإدارة في الإسلام للدكتور أحمد أبو سن ص 86 وما بعدها.
[2] السنن لأبي داود جـ 3 ص 134 وانظر أيضاً: المسند للإمام أحمد جـ 4 ص 229.
[3] مختصر شرح الجامع الصغير للمناوي جـ 2 ص 347.
[4] الإدارة في الإسلام للدكتور أحمد أبو سن ص 88.

المبحث الرابع

الرقابة المالية على الإيرادات العامة وإنفاقها

في النظام الاقتصادي الإسلامي

- المطلب الأول: الرقابة المالية على الإيرادات العامة في الاقتصاد الإسلامي.
- المطلب الثاني: الرقابة المالية على الإنفاق العام في الاقتصاد الإسلامي.

المبحث الرابع

الرقابة المالية على الإيرادات العامة وإنفاقها

في النظام الاقتصادي الإسلامي

المطلب الأول: الرقابة المالية على الإيرادات العامة في الاقتصاد الإسلامي:

نتناول في هذا المبحث الإيرادات العامة مبيناً مفهومها وأنواعها، مستخلصاً المبادئ الرقابية التي تحكم هذه الإيرادات، وكيفية تحصيلها وغير ذلك، مبتعداً قدر الإمكان عن الاختلافات الفقهية في تحديد هذه المفاهيم، وعدم التوسع فيما سبق تفصيله وتوضيحه من قبل الباحثين، إذ هي ليست موضوع البحث، إذ أن الهدف من الدراسة هو إبراز الدور الرقابي على أموال الدولة بشقيها – الإيرادات والنفقات.

الفرع الأول: مفهوم الإيرادات العامة وأنواعها:

وردت تعريفات متعددة للإيرادات العامة ما بين موسّعه ومضيّق، إلا أن التعريف الذي نختاره ويتناسب وموضوع الدراسة هو: "كل ما تحصل عليه الدولة من موارد – سواء أكانت نقدية أم عينية – منتظمة أو غير منتظمة"[1].

وفي تعريف آخر للإيرادات العامة: "بأنها الأموال التي يتولاها أئمة المسلمين"[2].

ولقد حدد أبو عبيدة هذه الأموال بقوله: "الأموال التي تليها أئمة المسلمين هي هذه الثلاثة التي ذكرها عمر، وتأولها من كتاب الله عز وجل – الفيء والخمس والصدقة. وهي أسماء مجملة يجمع كل واحد منها أنواعاً من المال"[3].

---

[1] الإيرادات العامة في صدر الدولة الإسلامية د. منذر قحف ص 2.
[2] التنظيم المحاسبي للأموال العامة في الدولة الإسلامية د. محمود لاشين ص 110.
[3] الأموال لأبي عبيد ص 21.

وفصّل أبو عبيد هذا الإجمال، فكذر أن الصدقة هي: زكاة أموال المسلمين من الذهب والورق (الفضة) والإبل والبقرة والغنم والحَبّ والثمار. وأما الفيء فإنه يشتمل على تجزية والخراج بأنواعه، وما يؤخذ من أموال أهل الذمة، ومن أموال أهل الحرب إذا دخلوا بلاد الإسلام للتجارات (العشور).

أما الخمس فيقصد به خمس غنائم أه الحرب وخمس الركاز[1] - وهو المعدن المدفون في باطن الأرض - [2].

وذهب ابن تيمية - إلى ما ذهب إليه أبو عبيد - إلى أن الأموال السلطانية التي أصلها في كتابه الله وسنته ثلاثة أصناف هي: الغنيمة والصدقة والفيء.[3]

وهذا التقسيم[4] هو الذي نعتمده في إبراز الدور الرقابي لمالية الدولة في النظام الاقتصادي الإسلامي.

الفرع الثاني: الرقابة المالية على مورد الزكاة:

تعد الزكاة مورداً هاماً من موارد بيت مال المسلمين، فرضها الله سبحانه وتعالى بقوله: (خذ من أموالهم صدقة تطهرهم وتزكيهم بها) [5]، وقوله تعالى: (وآتوا حقه يوم حصاده) [6].

---

[1] انظر: المرجع السابق ص 21 - 22.
[2] الأموال لأبي عبيد ص 472.
[3] السياسة الشرعية لابن تيمية ص 30.
[4] هناك تقسيم آخر لموارد الدولة الإسلامية في النظام الاقتصادي الإسلامي - وهو التقسيم الذي عادة ما يسلكه كل من يكتب عن الإيرادات العامة في الإسلام - بحيث تنقسم إلى:
- إيرادات دورية، وهي تشمل: الزكاة، الخراج، الجزية ثم عشور التجارة.
- إيرادات غير دورية، وهي تشمل: الفيء، الغنائم، الركاز وموارد أخرى.
مع اختلاف بسيط بين الباحثين في هذا التقسيم.
[5] سورة التوبة آية 103.
[6] سورة الأنعام من الآية 141.

وفصّل رسول الله صلى الله عليه وسلم أحكامها وبين الأموال التي تجب فيها الزكاة، ومقدار الواجب وغيره من الأحكام، والزكاة حظيت بدراسات عديدة والمكتبة الإسلامية زاخرة بالعديد من المؤلفات والبحوث في هذا الركن الهام، لهذا سوف يقتصر بحثنا على ما له علاقة بموضوع البحث.

وقد أحكم الله سبحانه وتعالى رقابته العادلة عليها حيث توعّد سبحانه كل من يتقاعس ويتهرب عن أدائها بعقوبات دنيوية وأخروية. هذا فضلا عن الثواب العظيم والمنزلة الكبيرة لمن يؤديها في الدنيا والآخرة.

صور الرقابة المالية على الزكاة تتمثل بالآتي:

أولاً: اختيار الأكفياء من العاملين عليها:

سواء أكانوا موظفين أم سعاة فينبغي أن يتوفر في العاملين على الزكاة الكفايات الأربع التي ذكرناها سابقاً: [1]

- الكفاية التكليفية (الإسلام والبلوغ والعقل).
- الكفاية الأخلاقية.
- الكفاية العلمية.
- الكفاية العملية.

وفي ذلك يقول الإمام النووي – رحمه الله - : "يجب على الإمام أن يبعث السعاة لأخذ الصدقة، لأن النبي صلى الله عليه وسلم والخلفاء كانوا يبعثون السعاة... ولا يبعث إلا حرا عدلا ثقة لأن هذا ولاية وأمانة والعبد والفاسق ليس من أهل الولاية والأمانة ولا يبعث إلا فقيها لأنه يحتاج إلى معرفة ما يؤخذ وما لا يؤخذ ويحتاج إلى الاجتهاد وفيما يعرض من مسائل الزكاة وأحكامها"[2].

---

[1] يراجع ص 41 - 45 من هذا البحث.
[2] شرح المهذب للنووي جـ 6 ص 167.

ثانياً: رقابة العاملين عليها وصورها:

أ. استغلال مال الزكاة أو أخذه بغير حق:

لا يجوز للعاملين على الزكاة أن يستغلوا مال الزكاة أو يكتموا شيئاً فيها بغير حق، عن عبادة بن الصامت أن رسول الله صلى الله عليه وسلم بعثه على الصدقة فقال: (يا أبا الوليد اتق الله. لا تأت يوم القيامة ببعير تحمله له رغاء أو بقرة لها خوار وشاة لها ثغاء، قال: يا رسول الله: إن ذلك كذلك؟ قال: أي والذي نفسي بيده، قال: فوالذي بعثك بالحق لا أعمل لك شيئاً أبدا) [1]. وعنه صلى الله عليه وسلم قال: (من استعملناه منكم على عمل فكتمنا مخيطا (إبرة خيط) فما فوقه كان غلولا (خيانة) يأتي يوم القيامة، قال: فقام إليه رجل أسود من الأنصار كأني أنظر إليه فقال: يا رسول الله: اقبل عني عملك، قال: ومالك؟ قال: سمعتك تقول كذا وكذا قال: وأنا أقوله الآن من استعملناه منكم على عمل فليجيء بقليله وكثيرة فما أوتي منه أخذ وما نهي عنه انتهى) [2].

وجاء أيضاً أن أبا رافع كان مع النبي صلى الله عليه وسلم ماراً بالبقيع - مقبرة - فقال: (أفٍّ لك أف لك. قال أبو رافع: فكبر ذلك في ذرعي، وتأخرت، وظننت أنه يريدني. قال: ما لَكَ امش، قال: قلت: أحدثت حدثاً يا رسول الله؟ وما ذاك؟ قلت: أففت بي، قال: لا ولكن هذا قبر فلان، بعثته ساعياً على بني فلان فغل نمرة (كساء من صوف مخطط) فدرع على مثلها من النار) [3]، فهذا تهديد واضح من رسول الله صلى الله عليه وسلم للساعي على الزكاة بالنار إذا غلّ من مال الزكوات.

---

(1) صحيح البخاري كتاب الهبة باب من لم يقبل الهدية جـ 3 ص 209 وانظر أيضاً صحيح مسلم جـ 12 ص 20.

(2) صحيح مسلم بشرح الإمام النووي كتاب الإمارة باب تحريم هدايا العمال جـ 12 ص 222.

(3) مسند الإمام أحمد من حديث أبي رافع رقم 25938.

ب. قبول الهدايا:

لا ينبغي للعاملين على الزكاة قبول الهدايا لأن ذلك من باب الرشوة وقصة ابن اللتبية[1] خير شاهد على تحريم قبول الهدايا من قبل العمال بل اعتبر الرسول صلى الله عليه وسلم قبول الهدية من باب الخيانة. عن ابن عباس رضي الله عنهما قال: (هدايا العمال غلول (خيانة))[2].

ج. الأدب والرفق مع دافعي الزكاة:

ينبغي للعاملين على الزكاة أن يتعاملوا مع دافعي الزكاة بلطف ورحمة ولين، وهي وصية الرسول صلى الله عليه وسلم للجباة بأن لا يعنفوا أو يتشددوا أثناء جمعهم لأموال الزكاة فكان يقول لهم: (خففوا الخرص فإن في المال الوصية والعرية والواطئة والنائبة) [3].

---

[1] راجع القصة ص 11 من هذا البحث.

[2] المسند للإمام أحمد رقم الحديث 23662 جـ 9 ص 153 وانظر: السنن الكبرى للبيهقي جـ 4 ص 158 والحديث صحيح انظر: إرواء الغليل للألباني جـ 8 ص 246.

[3] نيل الأوطار للشوكاني جـ 2 ص 144. وقال الشوكاني في إسناده ابن لهيعة وهو ضعيف.
الخرص: أصل الخرص الخرر والتظني فيما لا تستيقنه، والحرص شرعا، تقدير ما على النخل والكرم من ثمار قبل نضجها.
الوصية: هي تمليك مضاف إلى ما بعد الموت، أو ما يوصى بها أربابها بعد الوفاة والعرية: هي ما يعرى للصلات في الحياة.
الواطئة: ما تأكله السابلة منه وسموه واطئة لوطئهم الأرض. والنائبة: ما ينوب الثمار من الجوائح.
انظر: - لسان العرب لابن منظور جـ 7 ص 21 مادة خرص.
- المجموع شرح المهذب للنووي جـ 5 ص 478.
- الأموال لأبي عبيد ص 436.

كما حث الرسول صلى الله عليه وسلم بالدعاء للمزكي لقوله تعالى:(خُذْ مِنْ أَمْوَالِهِمْ صَدَقَةً تُطَهِّرُهُمْ وَتُزَكِّيهِم بِهَا وَصَلِّ عَلَيْهِمْ إِنَّ صَلَاتَكَ سَكَنٌ لَّهُمْ) [1].

وروى ابن أبي أوفى - رضي الله عنهما - أن النبي صلى الله عليه وسلم إذا أتاه رجل بصدقته قال: (اللهم صل على آل فلان، فأتاه أبي فقال: اللهم صل على آل أبي أوفى) [2].

ثالثاً: جباية الزكاة وفق ما شرع الله سبحانه وتعالى:

أحكام الزكاة مسطورة في كتب الفقه المختلفة - ولا داعي لبسطها في هذا البحث - فينبغي أن يراعى عند تحصيلها الأحكام والشروط المعتبرة شرعاً بدون تعسف أو حيف.

ووصية الرسول صلى الله عليه وسلم لمعاذ شاهد على ذلك: (إياك وكرائم أموالهم) [3].

رابعاً: اتخاذ الإجراءات الصارمة بحق الممتنعين عن الزكاة أو التهرب منها:

الزكاة عبادة مالية، وهي أحد الأركان الأساسية لهذا الدين، والتي أكدت النصوص الشرعية على أدائها بالترغيب وعلى منعها بالترهيب بأحاديث شتى وأساليب متنوعة.

---

(1) سورة التوبة آية 103.
(2) السنن للنسائي رقم الحديث 2458 جـ 5 ص 30.
(3) سبق تخريجه ص 46 من هذا البحث.

وحذر الرسول صلى الله عليه وسلم مانعي الزكاة بالعذاب الأليم في الآخرة وبعقوبة دنيوية[1].

لذا على ولي الأمر باعتباره الرقيب الأول على المال العام - أن يتخذ الإجراءات الصارمة ضد مانعي الزكاة أو المتهربين من دفعها إما:

أولاً: العقوبة التعزيرية الغرامة المالية):

وسندها الشرعي قوله صلى الله عليه وسلم: (من أعطاها مؤتجراً - أي طالباً الأجر من الله - فله أجره، ومن منعها فإنا آخذوها وشطر ماله، عزمة من عزمات ربنا، لا يحل لآل محمد منها شيء)[2].

---

[1] - من الأحاديث التي تحذر مانعي الزكاة بالعذاب الأليم في الآخرة: عن أبي هريرة ﷺ قال: قال رسول الله صلى الله عليه وسلم: (من أتاه الله مالاً فلم يؤد زكاته مُثِّل له يوم القيامة شجاعاً أقرع (الحيّة الذكر الذي لا شعر له لكثرة سمه وطول عمره) له زبيبتان (نقطتان سوداوان فوق العينين وهو أخبث الحيات) يطوقه يوم القيامة، ثم يأخذ بلهزمتيه (يعني بشدقيه) ثم يقول: أنا مالك، أنا كنزل، ثم تلا النبي صلى الله عليه وسلم الآية: (ولا يحسبن الذين يبخلون بما آتاهم من فضله هو خير لهم، بل هو شر لهم سيطوقون ما يخلوا به يوم القيامة)) آل عمران آية 180 انظر: صحيح البخاري رقم الحديث 1403 الفتح جـ 3 ص 268.

- وجاء في حديث آخر (ما من صاحب ذهب ولا فضة لا يؤدي منها حقها إلا إذا كان يوم القيامة صفحت له صفائح من نار فأحمي عليها في نار جهنم فيكوى بها جنبه وجبينه وظهره كلما بردت أعيدت له في يوم كان مقداره خمسين ألف سنة حتى يقضى بين العباد فيرى سبيله إما إلى الجنة وإما إلى النار...). انظر: صحيح مسلم بشرح الإمام النووي باب إثم مانع الزكاة جـ 7 ص64.
- من الأحاديث التي تحذر مانعي الزكاة بالعقاب في الدنيا: يقول الرسول صلى الله عليه وسلم: (ما منع قوم الزكاة إلا ابتلاهم الله بالسنين (أي المجاعة والقحط)). انظر: الترغيب والترهيب للمنذري جـ 1 ص543.
- وفي حدث آخر: (... ولم يمنعوا الزكاة أموالهم إلا منعوا القطر من السماء ولولا البهائم لم يمطروا). انظر: الترغيب والترهيب للمنذري جـ 1 ص544 وغيرها من النصوص الشرعية التي تحذر مانعي الزكاة بالعذاب في الدنيا والآخرة.

[2] السنن لأبي داود جـ 2 ص 233 وانظر: السنن للنسائي جـ 5 ص17.

هذا الحديث يتضمن مبادئ هامة منها: [1]

1. الأصل في الزكاة عبادة مالية يعطيها المسلم عن طيب خاطر محتسباً الأجر والثواب من الله.

2. أن من غلب عليه الشح وحب الدنيا ومنع الزكاة لم يترك وشأنه بل تؤخذ منه قهراً بسلطان الشرع

    وقوة الدولة – وزيد على ذلك بأخذ نصف ماله تعزيزاً وتأديباً.

3. إن هذا التشديد في أمر الزكاة إنما هو لرعاية حق الفقراء والمستحقين.

ثانياً: قتال الممتنعين عن أداء الزكاة:

ثبت قتال الممتنعين عن أداء الزكاة بالأحاديث الصحيحة وبإجماع الصحابة رضوان الله عليهم ومـن

هذه الأحاديث:

قال صلى الله عليه وسلم: (أمرت أن أقاتل الناس حتى يشهدوا أن لا إله إلا الله وأن محمداً رسول الله

ويقيموا الصلاة ويؤتوا الزكاة، فإن فعلوا ذلك عصموا مني دماءهم إلا بحق الإسلام وحسابهم على الله) [2].

---

[1] انظر: فقه الزكاة للقرضاوي جـ 1 ص77 – 78.

[2] يقول القرضاوي هذا الحديث وغيره يدل دلالة صريحة على أن مانع الزكاة يقاتل حتى يعطيها – ولكن لماذا كان الحوار بين الصديق والفاروق على جواز قتال المرتدين – فيقول: والظاهر أنها بهذه الألفاظ الصريحة لم تبلغ الصديق ولا الفاروق رضي الله عنهما – حين تحاورا في جواز قتال مانعي الزكاة – ويضيف وليس ذلك مستغرب، فقد يسمع بعض الصحابة ما لم يسمع الآخر، وقد قال عمر في حديث أبي موسى في الاستئذان: ألهاني عنه الصفق بالأسواق. ولا يبعد أن يكون الصديق قد سمع الحديث الصريح ولكنه رد على عمر آخذاً من الحديث الذي احتج به فقلب حجته واستظهر بهذا الدليل النظري. انظر: فقه الزكاة للقرضاوي جـ 1 ص 79.

كما أن حروب الردة ما هي إلا تطبيق عملي للرقابة المالية الصارمة ضد مـانعي الزكاة وبقـوة التشريع الإسلامي[1].

لذا قال الإمام النووي: "إذا منع واحد أو جَمْعٌ الزكاة وامتنعوا بالقتال وجب على الإمام قتالهم، لمـا ثبت في الصحيحين من رواية أبي هريرة رضي الله عنه أن الصحابة رضوان الله عليهم - اختلفوا أولاً في قتال مانعي الزكاة ورأى أبو بكر رضي الله عنه قتالهم واستدل عليهم فلـما ظهـرت لهـم الـدلائل وافقـوا، فصـار قتالهم مجمعاً عليه"[2].

الفرع الثالث: الرقابة المالية على أموال الفيء:

الفيء: هو ما أخذ من الكفار بغير قتال: أو دون إيجاف خيل ولا ركاب على حد تعبير الفقهاء[3].

والأصل فيها قوله تعالى:(مَا أَفَاءَ اللَّهُ عَلَى رَسُولِهِ مِنْ أَهْلِ الْقُرَى فَلِلَّهِ وَلِلرَّسُولِ وَلِذِي الْقُرْبَى وَالْيَتَامَى وَالْمَسَاكِينِ وَابْنِ السَّبِيلِ كَيْ لَا يَكُونَ دُولَةً بَيْنَ الْأَغْنِيَاءِ مِنْكُمْ)[4].

ويشمل الفيء بهذا المفهوم:

1. الجزية: وهي موضوعة على الرؤوس واسمها مشتق من الجزاء، إما جزاء على كفرهم لأخذها منهم صغاراً، وإما جزاء على أماننا لهم لأخذها منهم رفقاً[5].

والأصل فيها قوله تعالى:(قَاتِلُوا الَّذِينَ لَا يُؤْمِنُونَ بِاللَّهِ وَلَا بِالْيَوْمِ الْآخِرِ وَلَا يُحَرِّمُونَ مَا حَرَّمَ اللَّهُ وَرَسُولُهُ وَلَا يَدِينُونَ دِينَ الْحَقِّ مِنَ الَّذِينَ أُوتُوا الْكِتَابَ حَتَّى يُعْطُوا الْجِزْيَةَ عَنْ يَدٍ وَهُمْ صَاغِرُونَ(29))[6].

---

[1] المجموع للنووي جـ 5 ص 334.
[2] انظر: الخراج للقرشي ص 17، ونظر أيضاً: الأموال لأبي عبيد ص 21.
[3] سورة الحشر آية 7.
[4] انظر: الأحكام السلطانية للماوردي ص 142.
[5] انظر: الأحكام السلطانية للماوردي ص 142.
[6] سورة التوبة آية 29.

2. الخراج: وهو ما يوضع على رقاب الأرض من حقوق تؤدى عنها:

وأول من وضع الخراج في الإسلام عمر بن الخطاب رضي الله عنه، عندما رأى عدم قسمة أراضي العراق والشام وغيرها من الأراضي التي افتتحها[1].

3. العشور: هي ما يفرض على أموال وعروض تجارة أهل الحرب وأهل الذمة المارّين بها على ثغور الإسلام[2].

ويعد عمر بن الخطاب رضي الله عنه، أول من وضع العشور في الإسلام، ويدل على ذلك ما ذكره أبو عبيد: "أول من وضع العشور في الإسلام عمر رضي الله عنه"[3].

4. موارد أخرى:

أ. الحمى: وهو ما يخصصه ولي الأمر من الأراضي التي لا مالك لها لصالح الجماعة للانتفاع بها رعياً لمواشيهم وخدمة لأغراضهم،[4] والأصل فيها قول الرسول 9: (لا حمى إلا لله ولرسوله) [5].

ب. الأرض الموات: وهو من موارد الدولة وينفق في مصلحة الجماعة، والموات عند الشافعي - رحمه الله - كل ما لم يكن عامراً وإن كان متصلاً بعامر. وعند أبي حنيفة ما يعد من العامر ولم يبلغه الماء. وقال أبو يوسف: "الموات كل أرض إذا وقفت على أدناها من العامر مناد بأعلى صوته لم يسمع إليها في العامة"[6].

---

(1) انظر: الأحكام السلطانية للماردي ص146.

(2) انظر: - الخراج لأبي يوسف ص132.
- الخراج والنظم المالية للريس ص127.

(3) الأموال لأبي عبيد ص476.

(4) انظر: الأحكام السلطانية للماوردي ص 185.

(5) صحيح البخاري كتاب المساواة باب لا حمى إلا لله ولرسوله حديث رقم 2370 الفتح جـ 5 ص319.

(6) انظر: الأحكام السلطانية للماوردي ص177.

ج. الركاز: وهو مدفون الجاهلية، وقيل هو المال المدفون يؤخذ من غير أن يطلب بكثير عمل[1] وورد عن الرسول صلى الله عليه وسلم: (وفي الركاز الخمس) [2].

د. الأموال التي لا مالك لها: مثل من مات من المسلمين وليس له وارث معين.

ه. الودائع التي تعذر معرفة أصحابها.

صورة الرقابة المالية على أموال الفيء:

أموال الفيء أريد بها الخير والنفع العام وسد عوز المسلمين حيث روي عن عمر رضي الله عنه قوله: "ما أحد إلا وله في هذا حق أعطيه أو أمنعه"[3]، وبهذا نستطيع أن نجمل صور الرقابة المالية على أموال الفيء بالآتي:

أولاً: تعيين الأكفياء من العمال والجباة على الفيء:

ونكتفي بما ذكره أبو يوسف – الذي تحدث بإسهاب عن الصفات والشروط الواجب توافرها في متولي الخراج[4] فقال: "ورأيت أن تتخذ قوماً من أهل الصلاح والدين والأمانة فتوليهم الخراج، ومن وليت منهم فليكن فقيها عالما مشاورا لأهل الرأي عفيفا، لا يطلع الناس منه على عورة ولا يخاف في الله لومة لائم، ما حفظ من حق وأدى من أمانة احتسب به الجنة، وما عمل به من غير ذلك خاف عقوبة الله فيما بعد الموت، تجوز شهادته إن شهد، ولا يخاف منه جور في حكم إن حكم، فإنك إنما توليه جباية الاموال وأخذها من حلها، وتجنب ما حرم منها، يرفع من ذلك ما يشاء، ويحتجن منه ما يشاء، فإذا لم يكن عدلا ثقة أمينا فلا يؤتمن على الأموال. إني قد أراهم لا يحتاطون فيمن يولون الخراج، إذا لزم الرجل منهم باب أحدهم

---

[1] انظر: سبل السلام الموصلة إلى بلوغ المرام للصنعاني جـ 4 ص 55.

[2] صحيح مسلم جـ 3 ص 134 رقم الحديث 1710 وانظر: السنن للنسائي جـ 5 ص 44.

[3] الخراج لأبي يوسف ص 46.

[4] الخراج بمفهوم أبي يوسف هو ما أطلق عليه أموال الفيء.

أياما ولاه رقاب المسلمين وجباية خراجهم، ولعله أن لا يكون عرفه بسلامة ناحية ولا بعفاف ولا باستقامة طريقه ولا بغير ذلك.

ويجب الاحتياط فيمن يولي شيئا من أمر الخراج والبحث عن مذاهبهم والسؤال عن طرائقهم، كما يجب ذلك فيمن أريد للحكم والقضاء، وتقدم إلى من وليت أن يكون عسوفا لأهل عمله، ولا محتقرا لهم ولا مستخفا بهم، ولكن يلبس لهم جلبابا من اللين يشوبه بطرف من الشدة والاستقصاء من غير أن يظلموا، أوي حملوا ما لا يجب عليهم، واللين للمسلم، والغلظة على الفاجر، والعدل على أهل الذمة وإنصاف المظلوم، والشدة على الظالم، والعفو عن الناس، فإن ذلك يدعوهم إلى الطاعة وأن تكون جبايته للخراج كما يرسم له، وترك الابتداع فيما يعاملهم به، والمساواة بينهم في مجلسه، ووجهه حتى يكون القريب والبعيد، والشريف والوضيع عنده في الحق سواء، وترك اتباع الهوى، فإن الله ميز من اتقاه وآثر طاعته وأمرهم على من سواهما"[(1)].

ثانياً: المعاملة بالرفق واللين عند تحصيل أموال الفيء:

على عامل الفيء أن يظهر قدراً معيناً من الرفق والرحمة عند تحصيل أموال الفيء، اقتداء بسنة الرسول صلى الله عليه وسلم فيروى أنه لمّا ولّى عبد الله بن أرقم على جزية أهل الذمة ناداه وقال له: (ألا من ظلم معاهداً أو كلفه فوق طاقته أو أخذ منه شيئاً بغير طيب نفس، فأنا حجيجه يوم القيامة) [(2)].

وقال صلى الله عليه وسلم: (إن الله يعذب يوم القيامة الذين يعذبون الناس في الدنيا) [(3)].

---

(1) الخراج لأبي يوسف ص 106 - 107.

(2) السنن لأبي داود جـ 3 ص 171 باب الإمارة.

(3) المسند للإمام أحمد جـ 4 ص 90.

كما روي أن عمر بن الخطاب رضي الله عنه أتى بمال كثير، قال أبو عبيد، أحسبه قال: من الجزية - فقال: "إني لأظنكم قد أهلكتم الناس، قالوا: لا، والله ما أخذنا إلا عفوا صفا، قال: فلا سوط، ولا نوط - التعليق بالضرب - قالوا: نعم. قال: الحمد لله الذي لم يجعل ذلك على يدي وفي سلطاني"[1].

ذكر أيضاً أبو عبيد أن أحد العمال كتب إلى عمر بن عبد العزيز كتاباً جاء فيه: "أما بعد فإن أناساً قبلنا لا يؤدون ما عليهم من الخراج حتى يمسهم شيء من العذاب". فكتب إليه عمر: "أما بعد فالعجب كل العجب من اسئذالك إياي في عذاب البشر كأبي جنّة لك من عذاب الله، وكأن رضاي ينجيك من سخط الله، إذ أتاك كتابي هذا فمن أعطاك ما قبله عفواً وإلا فأحلفه، فوالله لأن يلقوا الله بجناياتهم أحب إلي من أن ألقاه بعذابهم والسلام"[2].

ثالثاً: مراعاة الزمان وأحوال الناس في تحصيل واردات الفيء:

واردات الفيء وغيرها تتأثر بالظروف الاقتصادية من ازدهار أو كساد كما أن للظروف الجوية أثرها على المحاصيل الزراعية، وهذا ما نبه إليه عمر بن عبد العزيز: فقد كتب إليه واليه على اليمن عروة بن محمد يذكر أنه قدم اليمن فوجد على أهلها ضريبة من الخراج ثابتة في أعناقهم كالجزية يؤدونها على كل حال، فكتب إليه: "كتبت إلي تقول أنك قدمت اليمن، فوجدت على أهلها ضريبة من الخراج ثابتة في أعناقهم كالجزية يؤدونهما على كل حال إن أخصبوا أو جدبوا، إن حيوا أو ماتوا، فسبحان الله رب العالمين ثم سبحان الله رب العالمين ثم سبحن الله رب العالمين، إذا أتاك كتابي هذا فدع ما تنكر من الباطل إلى ما تعرفه من الحق واعلم أنك إن لم ترفع إليّ من جميع اليمن إلا جفنة من كتم (نبات يستعمل في تخضيب الشعر ومداد الكتابة) فقد علم الله أني سأكون به مسروراً ما دام في ذلك إبقاء على الحق والعدل"[3].

---

(1) الأموال لأبي عبيد ص 46.
(2) الخراج لأبي يوسف ص 119.
(3) سيرة عمر بن عبد العزيز لابن عبد الحكم ص 56.

وبعض أموال الفيء لهما مواعيد محددة كالجزية مثلاً: لا تجب في السنة إلا مرة واحدة، فلو أسلم الذمي قبل تمام السنة بيوم أو شهر أو أكثر أو أقل لم يؤخذ منه شيء من الجزية، فإن أخذها عامل الجزية فإنه آثم ويجب ردها[1].

ومن الأمثلة على مراعاة أحوال الناس: "مر بن الخطاب رضي الله عنه بباب قوم وعليهم سائل يسأل: شيخ كبير ضرير البصر، فضرب عضده من خلفه وقال: من أي أهل الكتاب أنت؟ فقال: يهودي. فما ألجأك إلى ما أرى؟ قال: أسأل الجزية والحاجة والسن. قال: فأخذ عمر بيده وذهب إلى منزله فرضخ[2] له بشيء من المنزل. ثم أرسل إلى خازن بيت المال فقال: انظر هذا وضرباءه، فو الله ما أنصفناه أن أكلنا شبيبته ثم نخذله عند الهرم، (إنما الصدقات للفقراء المساكين)[3] والفقراء هم المسلمون وهذا من المساكين من أهل الكتاب، ووضع عنه الجزية وعن ضربائه. قال: قال أبو بكر: أنا شهدت ذلك من عمر ورأيت ذلك الشيخ"[4].

ولقد عنّف عمر بن الخطاب رضي الله عنه العاشر[5] المسلم الذي مرّ عليه رجل من بني تغلب من نصارى العرب، ومعه فرس، فقوموها بعشرين ألفاً، فقال: أعطني الفرس وخذ مني تسعة عشر ألفاً، وأمسك الفرس وأعطني ألفاً. قال: فأعطاه ألفاً وأمسك الفرس، قال ثم مرّ عليه راجعاً في سنته فقال له: أعطني ألفاً أخرى فقال له: التغلبي: كلما مررت بك تأخذ مني ألفاً؟ قال نعم، فرجع قال: فرجع التغلبي إلى عمر بن الخطاب فوافاه بمكة وهو في بيته فاستأذن عليه فقال: من أنت؟ فقال: رجل من نصارى العرب، وقص عليه قصته، فقال له عمر: كفيت، ولم يزده على ذلك،

---

(1) الخراج لأبي يوسف ص122.

(2) فرضخ: أي أعطاه شيئاً ليس بالكثير. انظر: المعجم الوسيط جـ 1 ص350.

(3) سورة التوبة من الآية 60.

(4) الخراج لأبي سوف ص126.

(5) العاشر: هو من نصبه الإمام على الطريق ليأخذ الصدقات من التجار. انظر: السياسة الشرعية لابن تيمية ص36.

قال: فرجع التغلبي إلى زيادة بن حدير (وزياد هذا العاشر)، وقد وطن نفسه على أن يعطيه ألفاً أخرى فوجد كتاب عمر قد سبق إليه: من مرّ عليك فأخذت منه صدقة فلا تأخذ منه شيئاً إلى مثل ذلك اليوم من قابل، إلاّ أن تجد فضلاً، قال: فقال الرجل: قد والله كانت نفسي طيبة أن أعطيك ألفاً وإني أشهد الله أني بريء من النصرانية وإنيّ على دين الرجل الذي كتب إليك هذا الكتاب[1].

رابعاً: مراعاة تحصيل أموال الفيء وفق ما شرع الله سبحانه بدون زيادة أو تكرار:

لابد من إحكام الرقابة على أموال الفيء بحيث يتم تحصيلها وفق ما شرع الله سبحانه وتعالى بدون زيادة أو نقصان أو تكرار، فالنظام الاقتصادي الإسلامي لا يقر الزيادات غير المشروعة، لأن ذلك يخالف مبدأ الحق والعدالة اللذان هما دعامة أساسية من دعامات الإسلام، كما لا يجوز التعسف والظلم في استئداء موارد الدولة كتحصيلها في أوقات غير ملائمة أو تطبيق أساليب التعذيب ووسائل الإكراه في التحصيل، وفي ذلك يقول عمر بن عبد العزيز رضي الله عنه: "لا تأخذوا من أموال الناس إلا الحق الذي شرعه الله وما عدا ذلك فضعوه كله.. لا أفرق بين مسلم وأهل الكتاب"[2].

ومن التطبيقات على ذلك:

أنه لا يجوز للقائمين على الجزية مثلاً - أن يأخذوا من صغار أهل الكتاب ونسائهم وفقرائهم[3].

كما لا يجوز أخذها من رجل لو أسلم في آخر السنة وقد وجبت عليه الجزية، إن إسلامه يسقطها عنه، فلا تؤخذ منه، لأن المسلم لا يؤدي الجزية لقوله صلى الله عليه وسلم: (ليس على المسلم جزية)[4].

---

[1] الخراج لأبي يوسف ص 146 - 147.

[2] سيرة عمر بن عبد العزيز لابن عبد الحكم ص 79.

[3] انظر: الأحكام السلطانية للماوردي ص 143.

[4] روى أحمد وأبو داود عن ابن عباس رضي الله عنهما مرفوعاً (لا تصلح قبلتان في أرض وليس على مسلم جزية) انظر: الأموال لأبي عبيد ص 49.

كما على القائمين بأمر الجزية ردها إلى أصحابها عند عدم الحماية، وتوفيرها لهم، وما حدث مع أبي عبيدة وقيل مع خالد بن الوليد خير دليل على ذلك، فعندما أيقن خالد بن الوليد رضي الله عنه أنه لا قبل له بحماية نصارى حمص من الروم ردّ ما أخذه من جزية إليهم، وقال: "إنما أخذناها جزاء منعتكم والدفاع عنكم وقد عجزنا عن ذلك"[1].

خامساً: الرقابة على العمال خشية الاعتداء على أموال الفيء بالسرقة والغش والاحتيال أو اختصاص أحد بها وغيره:

وقد شدد الإسلام في الحرص على أموال الفيء وخاصة على العمال والجباة القائمين على تحصيلها وتوزيعها.

وأحاديث الرسول صلى الله عليه وسلم في هذا المجال كثيرة. قال صلى الله عليه وسلم: (من استعملناه منكم على عمل فكتمنا مخيطاً فما فوقه، فهو غلول يأتي به يوم القيامة، فقام رجل من الأنصار أسود، كأني أنظر إليه، فقال: يا رسول الله أقبل عني عملك. قال:وما ذلك؟ قال: سمعتك تقول: كذا وكذا، فقال رسول الله صلى الله عليه وسلم: وأنا أقوله الآن، ألا من استعملناه على عمل فليجيء بقليله وكثيره، فما أعطى منه أخذ، وما نهى عنه انتهى)[2].

كما روي أن عمر بعث معاذاً ساعياً على بني كلاب، فقسم فيهم حتى لم يبقى شيئاً حتى جاء مجلسه الذي خرج به على رقبته، فقال امرأته: أين ما جئت به مما يأتي به العمال من عراضة أهليهم (هدية القادمة من سفره)، فقال: كان معي ضاغط (أي حافظ أمين، يعني الله المطلع على سائر العباد، فأوهم امرأته أنه كان معه من يحفظه ويضيق عليه ويمنعه من الأخذ ليرضيها بذلك). فقالت: قد كنت أميناً عند رسول الله صلى الله عليه وسلم وعند أبي بكر، أفبعث عمر معك ضاغطاً. فقامت بذلك في نسائها واشتكت عمر، فبلغ ذلك عمر فدعا معاذاً. فقال: أنا بعثت معك ضاغطاً؟

---

[1] الأموال والأملاك العامة د. ياسين غادي ص 89.

[2] يسبق تخريجه انظر: ص 11.

فقال: ولم أجد شيئاً أعتذر به إليها إلا ذلك. قال: فضحك عمر وأعطاه شيئاً وقال: أرضها به[1].

هذه أخلاق أصحاب رسول الله صلى الله عليه وسلم والتي تربوا عليها في مدرسة النبوة، وكان بوسع معاذ رضي الله عنه أن يرجع بشيء لأهله من أجر عمالته يطيب بها خاطرهم، إلا أن زهده وورعه وأمانته ورقابته لله سبحانه وتعالى تأبى ذلك.

ومن التطبيقات ما كان يفعله عمر بن الخطاب رضي الله عنه إذا أتاه خراج العراق، يخرج إليه عشرة من أهل الكوفة وعشرة من أهل البصرة يشهدون أربع شهادات أنه من طيب، ما فيه ظلم مسلم ولا معاهد.[2]

ومن التطبيقات أيضاً:

قيل لعلي بن أبي طالب رضي الله عنه في يوم نيروز أو مهرجان[3] وعندها دهاقين. وهدايا يا أمير المؤمنين، إنك رجل لا تليق شيئاً،[4] وإن لأهل بيتك في هذا المال نصيباً، وقد خبأت لك خبيئة. قال: وما هي؟ قال: انطلق فانظر ما هي. قال: فأدخله بيتاً فيه باسنة[5] مملوؤة آنية ذهب وفضة مموهة بالذهب. فلما رآها علي قال: ثكلتك

---

[1] الأموال لأبي عبيد ص529.

[2] انظر: الخراج لأبي يوسف ص125.

[3] النيروز: كلمتان فارسيتان معناهما اليوم الجديد (أي رأس السنة) وهو إيان بدخول فصل الحر. انظر: التاج في أخلاق الملوك للجاحظ ص250.

المهرجان: كلمتان فارسيتان معناهما محبة الروح وهو إيذان بدخول فصل البرد. انظر: التاج في أخلاق الملوك للجاحظ ص250.

[4] لا تليق شيئاً: يقال فلان ما تليق يده شيئاً أي ما تضمه ولا يستقر بها. الأموال لأبي عبيد ص251.

[5] باسنة: قيل أنها آلات الصناع، وقيل سكة الحرث، وفي لسان العرب الباسنة كالجوالق تتخذ من مشاقة الكتاب أغلظ ما يكون ومنهم ما يهمزها "بأسنة" كساء مخيط يجعل فيه طعام. انظر: الأموال لأبي عبيد ص 251.

أمك، لقد أردت أن تدخل بيتي ناراً عظيمة، ثم جعل يزنها ويعطي كل عريف[1] بحصته[2].

سادساً: مراعاة حسن استخدام أموال الفيء ومراقبتها:

حرص الخلفاء على حسن استخدام أموال الفيء في الوجوه المشروعة وأحكموا رقابتهم عليها.

ولا أدل على ذلك من موقف أبي بكر رضي الله عنه حيث قال لعائشة رضي الله عنها وهي تمرضه: "أما والله لقد كنت حريصاً على أن أوفر فيء المسلمين (يعني لا آكل منه شيئاً)، وعلى أني قد أصبت من اللحم واللبن، فانظري ما كان عندنا فأبلغيه عمر قال: وما كان عنده دينار ولا درهم، ما كان إلا خادماً ولقحه[3] ومحلباً[4]، فلما رجعوا من جنازته أمرت به عائشة إلى عمر، فقال: رحم الله أبا بكر، لقد أتعب من بعده[5].

أي أن ما ضربه من المثل في الزهد والحرص على أموال المسلمين سيتعب من بعده من الخلفاء عليهم أن يقتدوا به فيها.

وروي أن عمر بن عبد العزيز كتب إلى عبد الحميد بن عبد الرحمن، وهو بالعراق (أن أخرج للناس أعطياتهم) فكتب إليه عبد الحميد (إني قد أخرجت للناس أعطياتهم، وقد بقي في بيت المال مال)، فكتب إليه: (أن انظر كل من أدان في غير سفه ولا سرف فاقض عنه) فكتب إليه: (أن انظر كل بكر ليس له مال فشاء أن

(1) عريف: القائم بأمر القوم. انظر: الأموال لأبي عبيد ص 251.
(2) الأموال لأبي عبيد ص 251.
(3) اللقحة: تقول لقحت الناقة إذا حملت، والقحة بفتح اللام وكسرها وهي الناقة القريبة العهد بالنتاج. انظر: لسان العرب جـ 2 ص 581.
(4) المحلب بالكسر: الإناء الذي يحلب فيه اللبن. انظر لسان العرب جـ 1 ص 329.
(5) الأموال لأبي عبيد ص 248.

تزوجه فزوجه، وأصدق عنه)، فكتب إليه: (إني قد زوجت كل من وجدت، وقد بقي في بيت مال المسلمين مال)، فكتب إليه: (أن أنظر من كانت عليه جزية فضعُف عن أرضه فأسلفه ما يقوى به على عمل أرضه، فإنا لا نريدهم لعام ولا لعامين)[1].

سابعاً: عقوبة الممتنعين عن أداء أموال الفيء:

مما يجعل الرقابة ذات فعّالية، أن يصحبها عقوبات وجزاءات تكون كفيلة بردع من ارتكب المخالفات الماليه التي تنتج عن تفعيل الرقابة المالية.

وفي النظام الاقتصادي الإسلامي توجد عقوبتان:

- عقوبة في الآخرة وهذه متروك أمرها إلى الله سبحانه وتعالى.
- عقوبة في الدنيا ومن ذلك:

- عقوبة الممتنعين عن أداء الجزية:

يقول أبو يوسف: "لا يضرب أحد من أهل الذمة في استيدائهم الجزية ولا يقاموا في الشمس ولا غيرها، ولا يحمل عليهم في أبدانهم شيء من المكاره ولكن يرفق بهم ويحبسون حتى يؤدوا ما عليهم ولا يخرجون من الحبس حتى تستوفى منهم الجزية"[2].

- عقوبة الممتنعين عن أداء الخراج:

إذا لم يؤد من على الأرض من أهل الذمة ما عليهم من خراج أجبروا على ذلك لأنه حق بيت المال، فإذا أصروا على عدم الأداء أجلوا عنها[3].

[1] انظر: سيرة ومناقب عمر بن عبد العزيز لابن الجوزي ص 68.
[2] الخراج لأبي يوسف ص 120.
[3] السياسة المالية لعمر بن الخطاب قطب إبراهيم قطب ص 174.

- عقوبة الممتنعين عن أداء العشور:

إذا لم يؤد الحربي العشور عن دخوله الدولة الإسلامية صودر من بضائعه ما يوازي العشور وكذلك الشأن في البضائع التي يمر بها الذمي[1].

الفرع الرابع: الرقابة المالية على الغنائم:

تعد الغنيمة[2] من موارد الدولة العامة والتي تنفق في الوجوه المخصصة لها كما جاءت في القرآن الكريم. قال الله تعالى: ﴿ وَاعْلَمُوا أَنَّمَا غَنِمْتُمْ مِنْ شَيْءٍ فَأَنَّ لِلَّهِ خُمُسَهُ وَلِلرَّسُولِ وَلِذِي الْقُرْبَى وَالْيَتَامَى وَالْمَسَاكِينِ وَابْنِ السَّبِيلِ إِنْ كُنْتُمْ آمَنْتُمْ بِاللَّهِ وَمَا أَنْزَلْنَا عَلَى عَبْدِنَا يَوْمَ الْفُرْقَانِ يَوْمَ الْتَقَى الْجَمْعَانِ وَاللَّهُ عَلَى كُلِّ شَيْءٍ قَدِيرٌ ﴾ [3].

والغنيمة: "هي المال المأخوذ من الكفار بالقتال"[4].

وبتعبير أبي عبيد: "كل نيل يناله المسلمون من أموال أهل الحرب"[5].

الرقابة المالية على الغنائم في الاقتصاد الإسلامي تتمثل بالآتي:

1. العدالة في تقسيمها:

تقسم الغنيمة لمستحقيها بعدالة ومساواة، ذكر ابن تيمية أن عمر بن الخطاب قال: "الغنيمة لمن شهد الوقعة".

وهم (الغانمون) الذين شهدوها للقتال، قاتلوا أو لم يقاتلوا، ويجب قسمها بينهم بالعدل، فلا يحابي أحد، لا لرياسته، ولا لنسبه، ولا لفضله، كما كان النبي صلى الله عليه وسلم وخلفاؤه يقسمونها[6].

---

(1) السياسة المالية لعمر بن الخطاب قطب إبراهيم قطب ص 174.

(2) في مجال دراستنا فإن ما ينطبق عليه وصف الأموال العامة وضمن موارد الدولة هو خمس الغنيمة فقط، أما الأربعة أخماس فإنها توزع على الفاتحين.

(3) سورة الأنفال آية 41.

(4) السياسة الشرعية لابن تيمية ص 30.

(5) الأموال لأبي عبيد ص 279.

(6) انظر: السياسة الشرعية لابن تيمية ص 31.

وفي مسند الإمام أحمد - عن سعد بن أبي وقاص قال: قلت يا رسول الله، الرجل يكون حامية القوم، يكون سهمه وسهم غيره سواء؟ قال: (ثكلتك (أي فقدتك) أمك ابن أمِّ سعد، وهل ترزقون وتنصرون إلا بضعفائكم) [1].

وقد أضاف ابن تيمية بأنه يجوز للإمام أن ينفل (يزيد) من ظهر منه زيادة نكاية (أي قتل وجرح) كسريّة (هي من خمسة أنفس إلى ثلاثمائة أو أربعمائة)، أو رجل صعد حصناً عالياً ففتحه، أو حمل على مقدم العدو فقتله، فهزم العدو ونحو ذلك[2].

2. الغلول:

الغلول: الخيانة مطلقا، غل غلولا: أي خان[3]، ثم غلب اختصاص الغلول في الاستعمال في الخيانة من الغنيمة[4]، وسميت الخيانة في المغنم غلولاً لأن آخذه يغله في متاعه، أي يخفيه[5].

فالغلول هو الأخذ من الغنيمة قبل القسمة أو الخيانة فيها أو هي أخذ المال العام بطرق غير مشروعة، وأشهرها السرقة والاختلاس بأشكالها المختلفة، والخداع والنهب والتزوير والتحايل وغيرها [6].

ولما كانت الخيانة في الغنيمة والفيء سبباً لمفاسد عظيمة من الاستئثار لطائفة بجزء من المال دون غيرها، وفي ذلك حصول الحسد والتباغض والتنافر، فيصبح الحصول على المال من الغنيمة والفيء من هذا الطريق سببا لضعف قوة المسلمين وإيثارهم الدنيا على الآخرة، فتضعف روح الجهاد بين أبناء المسلمين، لذلك جاء

---

[1] مسند الإمام أحمد بن حنبل ج 1 ص 173 دار الفكر.
[2] المرجع السابق ص 32.
[3] القاموس المحيط للفيروز أبادي ص 1343.
[4] شرح النووي على صحيح مسلم جـ 12 ص 216.
[5] فتح الباري في شرح صحيح البخاري جـ 6 ص 185.
[6] الأموال والأملاك العامة في الإسلام للدكتور ياسين غادي ص 62.

التشديد في أمر الغلو والتحذير منه وبيان سوء عاقبته، "فقد أجمع المسلمون على تحريم الغلول وأنه من الكبائر، وأن على الغال رد ما غله، فقال تعالى: (ومن يغلل يأت بما غل يوم القيامة) [(1)].

ويوضح الرسول صلى الله عليه وسلم هذه الآية تفصيلاً، فعن أبي هريرة رضي الله عنه قال: قام فينا رسول الله صلى الله عليه وسلم ذات يوم فذكر الغلول فعظمه وعظم أمره ثم قال: (لا أُلفينَّ أحدكم يجيء يوم القيامة على رقبته بعير له رغاء يقول: يا رسول الله أغثني، فأقول: لا أملك لك شيئاً قد أبلغتك، لا أُلفينَّ أحدكم يجيء يوم القيامة على رقبته فرس له حمحمة، فيقول: يا رسول الله أغثني، فأقول: لا أملك لك شيئاً قد أبلغتك، لا أُلفِينَّ أحدكم يجيء يوم القيامة على رقبته شاة لها ثغاء، يقول: يا رسول الله أغثني فأقول: لا أملك لك شيئاً قد أبلغتك، لا أُلفِينَّ أحدكم يجيء يوم القيامة على رقبته نفس لها صياح، فيقول: يا رسول الله أغثني، فأقول: لا أملك لك شيئاً قد أبلغتك، لا أُلفِينَّ أحدكم يجيء يوم القيامة على رقبته رقاع تخفق فيقول: يا رسول الله أغثني، فأقل: لا أملك لك شيئاً، قد أبلغتك: لا أُلفِينَّ أحدكم يجيء يوم القيامة على رقبته صامت، فيقول: يا رسول الله أغثني، فأقول: لا أملك لك شيئاً قد أبلغتك) [(2)].

وحدث أن نزل رسول الله صلى الله عليه وسلم بوادي القرى لما انصرف الجيش من خيبر وكان معه غلام أهدي له فأتاه سهم لا يدري راميه فأصابه فقتله. فقال الصحابة: هنيئاً له الجنة. فقال رسول الله صلى الله عليه وسلم: (كلا والذي نفس محمد بيده إن شملته الآن لتحرق عليه في النار (وكان غلها من فيء المسلمين يوم خير) فسمع رجل من أصحاب رسول الله صلى الله عليه وسلم فأتاة، فقال: يا رسول الله أصبت شراكين لنعلين لي. فقال: يقد لها مثلها في النار) [(3)].

---

(1) سورة آل عمران آية 161.
(2) سبق تخريجه صحيح مسلم بشرح الإمام النووي باب غلط تحريم الغلول ج12 ص217 من هذا البحث.
(3) صحيح البخاري جـ 5 ص 101 وانظر: صحيح مسلم بشرح الإمام النووي باب غلظ تحريم الغلول جـ 2 ص 129.

وهكذا حال كل من يخونون الأمانة ويعتدون على المال العام بغير وجه حق ستحيط برقابهم يوم القيامة ما سرقوه، وتصدر المسروقات أصواتاً تفضح من خان الأمانة، فإن طلبوا من الرسول صلى الله عليه وسلم الغوث، فلن يلبى لهم لأنهم خالفوه واتبعوا هواهم.

3. صور أخرى:

وهي التي ذكرت سابقاً في القسم الأول والثاني من الأموال العامة وهي:

1. تعيين الأكفياء من القائمين على الغنيمة.

2. توزيع الغنيمة وفق ما شرع الله سبحانه وتعالى.

3. حسن إدارة توزيع الغنيمة.

المطلب الثاني: الرقابة المالية على الإنفاق العام في الاقتصاد الإسلامي:

حدد الإسلام الأصول العامة في الإنفاق العام، ونص على بعض الفروع تاركاً بعضها الآخر لما يجد في أي زمان أو مكان، فتلحق الفروع بالأصول [1].

ويمكن تقسيم مصارف الإيرادات العامة إلى قسمين:

الأول: إيراد له مصرف محدد وشمل: أموال الزكاة وخمس الغنائم.

الثاني: إيراد ليس له مصرف معين بل يترك تحديد مصرفه لولي الأمر ليحدد بعـد مشورة أهـل الشـورى بمـا يحقق المصالح العامة للمسلمين. وهذا يشمل بقية الإيرادات.

وحدد الله سبحانه وتعالى مصارف الزكاة وخمس الغنيمة وسكت عن بيان مصارف الواردات الأخرى، ليكون ولاة الأمور في سعة من صرفها في سائر مصالح الدولة العامة حسبما يلائم حالهم وليس ما سماه جل شأنه من المصارف لإيراد الزكاة وخمس الغنيمة خارجاً عن حدود المصلحة العامة للأمة وإنا هي من

---

[1] انظر: سلطة ولي الأمر في فرض وظائف مالية د. صلاح الدين عبد الحليم ص 118.

المصالح العامة التي خصها جلت حكمته بالنص عليها تنبيهاً على رعايتها وعدم التفريط فيها[1].

الفرع الأول: تعريف النفقة العامة:

النفقة العامة: هي مبلغ من المال دخل في الذمة المالية للدولة، يقوم الإمام أو من ينوب عنه باستخدامه في إشباع حاجة عامة، وفقاً لمعايير الشريعة الإسلامية[2].

وجاء في تعريفها أيضاً: بأنها إخراج جزء من المال من بيت مال المسلمين بقصد إشباع حاجة عامة[3] (معتبر شرعاً).

الفرع الثاني: صور الرقابة المالية على الإنفاق العام:

أولاً: الرقابة على مشروعية الإنفاق العام:

لا يجوز توجيه الإنفاق لتمويل مشروعات محرّمة، كأن تكون مشروعات ربوية، أو تنتج سلعاً يحرمها الإسلام، بل يجب أن يوجه الإنفاق العام بما يتفق وضابط الحلال والحرام في الاقتصاد الإسلامي.

ثانياً: مراقبة الأوليات الإسلامية في الإنفاق العام:

فنبدأ بالضروريات ثم الحاجيات ثم الكماليات، وهذا ما يؤكده ابن رجب الحنبلي بقوله: "إن الفيء يجب فيه البداءة بمهمات المسلمين العامة ثم ذوي الحاجات من المسلمين ثم يقسم الباقي بين عمومه[4].

---

(1) انظر: السياسة الشرعية عبد الوهاب خلاف ص 129.

(2) النفقات العامة في الإسلام للدكتور يوسف إبراهيم يوسف ص 123.

(3) الاقتصاد المالي في الإسلام للدكتور عبد الكريم بركات ص 473.

(3) الاستخراج في أحكام الخراج لابن رجب الحنبلي ص 89 – 90.

القاعدة نفسها يقررها ابن خلدون بقوله: "والابتداء بما هو ضروري منه ونشيط قبل الحاجي والكمالي"[1].

ومن التطبيقات على ذلك ما حدث في عهد عمر بن عبد العزيز رضي الله عنه إذ استأذنه واليه على الحجاز في صرف مبلغ كبير لكسوة الكعبة، فكان جواب عمر له: إني أرى أن تجعل هذا المال في أكباد جائعة أولى بها من الكعبة[2].

فالإنفاق العام على إطعام الفقراء وغذاء المساكين له أولوية على الإنفاق على كسوة الكعبة.

ثالثاً: مراقبة الرشد الاقتصادي للنفقات:

ومقتضى ذلك ألاّ توجه النفقات للوفاء بالأغراض الاستهلاكية، بل ينبغي أن يخصص جزء منها للأغراض الإنتاجية والاستثمارية.

وهو ما نصح به أبو يوسف هارون الرشيد قائلاً له: "ورأيت أن تأمر عملا الخراج إذا أتاهم قوم من أهل خراجهم فذكروا لهم أن في بلادهم أنهاراً عادية قديمة وأرضين كثيرة غامرة وأنهم إن استخرجوا لهم تلك الأنهار وأحتفروها وأجرى الماء فيها، عمرت هذه الأرضون الغامرة وزاد في خراجهم.. أمرت بحفر تلك الأنهار وجعلت النفقة من بيت المال، فإنهم إن يعمروا خيراً من أن يخربوا"[3].

ويقر ابن تيمية ذلك بقوله: "وأما الأموال السلطانية فلجميع المصالح وفاقاً إلا ما خص به نوع كالصدقات والمغنم"[4].

---

[1] المقدمة لابن خلدون ص 83.

[2] انظر: السياسة المالية لعمر بن عبد العزيز لقطب إبراهيم ص 137.

[3] الخراج لأبي يوسف ص 109 – 110.

[4] السياسة الشرعية لابن تيمية ص 65.

رابعاً: الرقابة في حسن اختيار القائمين على الإنفاق العام:

حرص الإسلام في حسن اختيار العمال الأكفياء، وممن تتوفر فيم صفات معينة - ذكرناها سابقاً - [1] من أهل الصلاح والدين والأمانة وغيرها.

لأن ذلك يكفل جباية المال العام، ويضمن إنفاقه في وجوهها المشروعة. قال الله تعالى: (ولا تؤتوا السفهاء أموالكم التي جعل الله لكم قياما) [2] فالآية ترشدنا إلى حسن اختيار القائمين على الأموال العامة حتى يحسنوا التصرف فيها.

وفي هذا الصدد يقول أبو يوسف ناصحاً هارون الرشيد ومحدداً شروط من يتولى الإنفاق العام بقوله: "ولا يولّي النفقة على ذلك إلا رجل يخاف الله تعالى، يعمل في ذلك بما يجب عليه لله، عرفت أمانته، وحمد مذهبه، ولا تولى من يخونك ويعمل في ذلك بما لا يحل، ولا يسعه بأخذ المال من بيت المال لنفسه ومن معه"[3].

خامساً: مراقبة الاعتدال والترشيد في الإنفاق العام:

يقصد بالرشد في الإنفاق العام: المحافظة على المال العام وحسن تدبيره ورعايته وتجنب هدره وإضاعته وتبذيره وإسرافه فيما لا يحقق المصلحة العامة للمجتمع وذلك لأن المال هو مال الله سبحانه، وأن البشرية مستخلفون فيه، يقول الله تبارك وتعالى: (آمنوا بالله ورسوله وأنفقوا مما جعلكم مستخلفين فيه) [4] وقوله تعالى: (وآتوهم من مال الله الذي آتاكم) [5].

---

[1] انظر: ص 41 - 45 من هذا المبحث.
[2] سورة النساء آية 5.
[3] الخراج لأبي يوسف ص 110.
[4] سورة الحديد آية 7.
[5] سورة النور آية 33.

إن مقتضى هذا الاستخلاف أن يستشعر القائم على المال العام بأنه أمين عليه ولابد أن يتق الله في صرفه ويبتعد عن الإسراف والتبذير يقول الله تعالى: (والذين إذا أنفقوا لم يسرفوا ولم يقتروا وكان بين ذلك قواما) [1].

وورد أن علياً رضي الله عنه جعل الإنفاق الخاص يعاضد الإنفاق العام، فقد اعتبر علي رضي الله عنه أن صرف المال العام من قبل الأفراد في غير حقه تبذير وإسراف، يقول: "لو كان المال لي لسويت بينهم، وإنما المال سال الله، ألا وأن بذل المال في غير حقه تبذير وإسراف"[2].

ومن تطبيقات الترشيد والاعتدال في الإنفاق العام:

- يروى أن أبا جعفر المنصور ثاني خلفاء العباسيين تفقد مرة الديوان، فوجد المخزون من القراطيس - وهي الورق المستخدم في الكتابة -كثيراً فساءه ذلك وطلب إلى المسؤول أن يتولى بيع الزائد عن الحاجة[3].
- لما رجع عمر بن عبد العزيز من جنازة سليمان بن عبد الملك أتوا له بمراكب الخلافة ليركبها فامتنع عن ذلك.. ثم قال: ما شاء الله، لا قوة إلا بالله، قدّموا إليّ بغلتي، ثم أمر ببيع تلك المراكب الخليفية لمن يريد، وكانت من الخيول والجياد، فباعها وجعل أثمانها في بيت المال[4].
- ويروى أن عمر بن عبد العزيز كتب إلى عامله أبي بكر محمد بن عمرو - وكان والي المدينة - "أما بعد: فقد قرأت كتابك إلى سيلمان تذكر فيه أنه كان يُقطع لمن كان قبلك من أمراء المدينة من الشمع كذا وكذا يستضيئون به في

---

(1) سورة الفرقان آية 67.

(2) شرح نهج البلاغة محمد جواد مغنية جـ 2 ص239.

(3) الوزراء والكتاب للجهشياري ص138.

(4) السياسة المالية لعمر بن عبد العزيز قطب إبراهيم ص132.

مخرجهم، فابتليت بجوابك فيه، ولعمري لقد عهدتك يا ابن أم حـزم وأنـت خـرج مـن بيتك في الليلة الشاتية المظلمة بغير مصباح، ولعمري لأنت يومئذ خير منك اليوم، ولقد كان في قناديل أهلك ما يغنيك والسلام"[1].

وكتب إليه أيضاً حين طلب زيادة في القراطيس: "فإذا جاءك كتابي هذا، فأرق (فأدق) القلـم واجمـع الخط، واجمع الحوائج الكثيرة في الصحيفة الواحدة، فإنـه لا حاجـة للمسـلمين في فضـل قـول أضر ببيـت مالهم. والسلام عليك"[2].

---

[1] عمر بن عبد العزيز لابن الجوزي ص 55.
[2] المصدر السابق نفسه.

الفصل الثاني

أنواع الرقابة المالية في النظام الاقتصادي الإسلامي

المبحث الأول: أنواع الرقابة المالية من حيث التوقيت في النظام الاقتصادي الإسلامي

- المطلب الأول: الرقابة المالية المسبقة.

- المطلب الثاني: الرقابة المالية أثناء التنفيذ.

- المطلب الثالث: الرقابة المالية اللاحقة.

المبحث الثاني: أنواع الرقابة المالية من حيث الجهة في النظام الاقتصادي الإسلامي

- المطلب الأول: الرقابة المالية الداخلية (الذاتية) .

- المطلب الثاني: الرقابة المالية الخارجية.

   - الفرع الأول: الرقابة المالية الشعبية.

   - الفرع الثاني: الرقابة المالية التنفيذية.

المبحث الأول

أنواع الرقابة المالية من حيث التوقيت

في النظام الاقتصادي الإسلامي

- المطلب الأول: الرقابة المالية المسبقة.

- المطلب الثاني: الرقابة المالية أثناء التنفيذ.

- المطلب الثالث: الرقابة المالية اللاحقة.

المبحث الأول

أنواع الرقابة المالية من حيث التوقيت

الرقابة على المال العام في الاقتصاد الإسلامي تمتاز بشمولها وتكاملها وبالتالي فإن الحديث عـن أنواع الرقابة المالية لا يعني استقلالية كل نوع من الأنواع، بل، إن، تعدد مسمياتها وأنواعها جاءت نتيجة للزاوية التي ينظر منها.

وتنقسم مهام الرقابة المالية في الاقتصاد الإسلامي من حيث وقت ممارستها بالنسبة لمراحـل تنفيذ العمليات المالية الخاضعة للرقابة إلى ثلاثة أنواع، ويعتبر تنفيذ المراحـل الرقابيـة الثلاثـة عمليـة متكاملـة للمحافظة على المال العام.

وفيما يلي نوضح أنواع هذه المراحل من خلال المطالب التالية:

المطلب الأول: الرقابة المالية المسبقة:

الرقابة المالية المسبقة: هي رقابة وقائية لأنه تمكن من تدارك الأخطاء قبل وقوعها، وتعين على تهيئة الظروف والبيئة الصالحة ليؤدي المال العام دوره في التنمية والإنتاج.

ومن وسائل تحقيق هذه الرقابة في الاقتصاد الإسلامي ما يلي:

أولاً: اختيار العمال الأكفياء: [1]

إن اختيار العمال الأكفياء من أهم وسائل الرقابة الفعالة، لذا كان اهتمام الإسلام بهذا الأمر مبكرا وكبيرا، فقد روي عن رسول الله صلى الله عليه وسلم قوله: (من ولي من أمر المسلمين شيئاً فولى عليم رجـلا، وهو يجد فيهم من هو أصلح منه للمسلمين، فقد خان الله ورسوله وجماعة المؤمنين) [2].

---

[1] لأهمية هذا الفرع أفراد له مبحث، راجع ص41 – 45.
[2] المستدرك للحاكم جـ 4 ص 93 وانظر: السياسة الشرعية لابن تيمية ص9.

وروي عن عمر بن الخطاب رضي الله عنه أنه قال: "أرأيتم إن استعملت عليكم خير من أعلم ثم أمرته بالعدل أفقضيت ما عي؟ قولوا: نعم، قال: لا حتى انظر في عمله أعمل بما أمرته أم لا"[1].

لذا ينبغي التدقيق والتحري في كل من يتولى أمر المال العام تحصيلاً أو توزيعاً أو إشرافاً، وقد اهتم فقه السياسة الشرعية ببيان الشروط العامة لكل من يلي عملاً عاماً، وجماع هذه الشروط اثنان هما: القوة والأمانة. قال تعالى: (إن خير من استأجرت القوي الأمين) [2].

كما يجب أن يتصف بالعدل فلا يحابي ولا يحيف على من يكره، ومن الأمثلة الرفيعة على هذه الصفة الكريمة ما رواه عبد الله بن رواحة الأنصاري الذي بعثه النبي صلى الله عليه وسلم لثمار خيبر، وكان النبي صلى الله عليه وسلم زارعهم عليها بنصف ثمرها، فلما أتاهم جمعوا له حلياً من حلي نسائهم، فأهدوها إليه - على طريقه اليهود في شراء الذمم بالمال حيناً، وبالشهوات حيناً آخر - ولكن ابن رواحة واجههم بما لم يكونوا يتوقعون وقال لهم في إيمان القوي وقوة المؤمن: يا معشر اليهود، والله أنكم لأبغض خلق الله إليّ، وما ذلك بحاملي أن أحيف عليكم، وأما ما عرضتم عليّ من الرشوة فإنها سحت، وأنّا لا نأكلها ثم خرص عليهم، ثم خيرهم أن يأخذوها أو يأخذها هو، فقالا: بهذا قامت السموات والأرض[3].

ثانياً: عهد التعيين:

وهو العهد الذي كان يأخذه ولي الأمر من العامل حيث يستهدف بالإضافة إلى تعيين عمل الوالي، وتحديد حدوده، ومدى السلطات المخولة له، توصيات أخلاقية

---

[1] السنن الكبرى للبيهقي جـ 8 ص163.
[2] سورة القصص آية 26.
[3] المصنف لعبد الرزاق جـ 4 ص123 - 124.

ودينية والطريقة المثلى التي يمكن أن يباشرها بها هذا الوالي ذلك العمل،[1] ليكون هذا العهد أساساً للمحاسبة والمراقبة.

ومما يؤثر عن الخليفة عمر بن الخطاب رضي الله عنه أنه كان إذا استعمل عاملاً، أوصاه بتقوى الله، وإصلاح الرعية، وكتب عليه كتاباً، وأشهد عليه رهطاً من الأنصار.

وفي رواية أنه إذا بعث عماله شرط عليهم: "أن لا تركبوا برذوناً - الفرس الأعجمي - ولا تأكلوا نقياً - ما نخل مرة بعد أخرى - ولا تلبسوا رقيقاً، ولا تغلقوا أبوابكم دون حوائج الناس، فإن فعلتم شيئاً من ذلك، فقد حلت بكم العقوبة... ثم يشيعهم"[2].

وورد أيضاً أن "العلاء بن أيوب لما وليّ فارس من قبل المأمون كان يكتب عهد العمال فيقرؤه على من يحضره من أهل ذلك العمل، ويقول أنتم عيوني عليه فاستوفوا منه، ومن تظلّم إليَّ منه فعليّ إنصافه ونفقته جائياً وراجعاً. ويأمر العمال أن يقرءوا عهده على أهل عمله في كل جمعة ويقول لهم: هل استوفيتم؟[3].

ومن وصايا علي رضي الله عنه عندما بعث عبد الله بن عمير على عكبراء[4] قال: "لا تعذبن رجلاً سوطاً في جباية درهم، ولا تبيعن لهم رزقاً، ولا كسوة شتاء ولا صيف، ولا دابة يعتملون عليها، ولا تقيمن رجلاً قائماً في طلب درهم. قال عمير: قلت: يا أمير المؤمنين إذاً أرجع إليك كما ذهبت من عندك. قال: وإن رجعت كما ذهبت. ويحك! إنّا أمرنا أن نأخذ منهم العفو (يعني الفضل)"[5].

---

[1] انظر: الرقابة الإدارية في الإسلام للدكتور علي حسنين ص 88.

[2] عمر بن الخطاب وأصول السياسة والإدارة الحديثة للدكتور سليمان الطماوي ص 276.

[3] الإدارة الإسلامية في عز العرب محمد كردعلي ص 162.

[4] عكبراء: مدينة بينها وبين بغداد عشرة فراسخ.
انظر: معجم البلدان لياقوت الحموي جـ 4 ص 160.

[5] الخراج للقرشي ص 71.

وبهذا يكون عهد التعيين بمثابة الأساس للمحاسبة والمراقبة، سواء من قبل ولي الأمر أو من يمثله أو من قبل الامة، وهو أسلوب متطور يحمي المال العام من العبث والضياع.

ثالثاً: تدريب العمال:

اهتم النظام الاقتصادي الإسلامي بتدريب بالعاملين بهدف تنمية قدراتهم على العمل العام الموكل إليهم - وخاصة الجانب المالي -.

والتدريب يلعب دوراً مهماً في إكساب المعارف والخبرات التي يحتاج إليها المراقب، وإمداده بالمعلومات التي تنقصه، وتعليمه الاتجاهات الصالحة، وذلك لرفع كفايته في الأداء وزيادة حفاظه على المال العام، بحيث تتحقق فيه الشروط المطلوبة لإتقانه العمل وظهور فاعليته مع السرعة والاقتصاد في التكلفة وفي الجهود المبذولة[1].

وكان الرسول صلى الله عليه وسلم يقوم بتدريب من يستعملهم على مصالح المسلمين ويزودهم بالنصائح والإرشادات، وفي هذا يروى عن علي رضي الله عنه أنه قال: بعثني رسول الله صلى الله عليه وسلم إلى اليمن قاضياً ليقضي فيهم وضرب على صدري وقال: (إذا جلس إليك الخصمان فلا تقض لأحدهما حتى تسمع من الآخر كما سمعت من الأول، فإنه أحرى أن يتبين لك القضاء)[2].

كما كان عمر بن الخطاب رضي الله عنه يحرص على أن يجتمع بعماله في مواسم الحج، وكانت هذه المؤتمرات السنوية من أهم وسائل التدريب يتبادل فيها الأمراء والعمال الرأي في كل ما يقابلهم من معضلات.

---

[1] انظر: دور المنهج الإسلامي في تنمية الموارد البشرية للدكتور جمال عبده ص 69.
[2] انظر: المستدرك على الصحيحن للحاكم النيسابوري دار الكتاب العربي ج4 ص 92.

كما كان الخلفاء من المسلمين يرسلوا بتوجيهاتهم في كتب متصلة للولاة والعمال يذكروهم بواجباتهم ويأمروهم بالعدل والرفق بالرعية، ويعتبر كتاب الإمام علي رضي الله عنه لعامله على مصر سفرا هاما يحتوي على مادة تدريبية على أساسيات الرقابة المالية، فقد أوصاه فيه بالرحمة والحب للرعية، وأمره بتجنب المحاباة والظلم، وأن يختار ذوي الكفاءة من العمال، وأن يجري عليهم الرقابة والمساءلة، وبالاتصال بالرعية وعدم الاحتجاب عنهم إلى غير ذلك من التوجيهات[1].

رابعاً: إصدار التعليمات والتوجيهات للعمال والولاة:

إن التوجيهات والتعليمات تلعب دوراً مهماً في إرشاد وتوجيه القائمين على المال العام من حيث الجباية والإنفاق والحفظ.

والأمثلة على ذلك كثيرة ومتنوعة منها:

- وصية الرسول صلى الله عليه وسلم لمعاذ بن جبل حين بعثه إلى اليمن بقوله: (... وعلمهم أن الله فرض عليهم صدقة تؤخذ من أغنيائهم فترد على فقرائهم، وإياك وكرائم أموالهم)[2].
- من التوجيهات السديدة والتعليمات الثمينة. وصية علي بن أبي طالب رضي الله عنه لمن يستمله على الصدقات، فقال: "انطلق على تقوى الله وحدها لا شريك له، ولا تروّعنّ مسلماً، ولا تجتازن عليه كارهاً، ولا تأخذن منه أكثر من حق الله في ماله، فإذا قدمت على الحي، فأنزل بمائهم من غير أن تخالط أبياتهم ثم امض إليهم بالسكينة والوقار، حتى تقوم بينهم فتسلم عليهم، ولا تخدع بالتحية لهم ثم تقول: عباد الله أرسلني إليكم الخليفة لآخذ منكم حق الله في أموالكم، فهل لله في أموالكم من حق فتؤدوه. فإن قال قائل: لا، فلا تراجعه، وأن أنعم عليك منعم فانطلق معه من غير أن تخفيه، أو توعده، أو تعسفه، أو ترهقه، فخذ ما أعطاك

---

(1) انظر: الإدارة في الإسلام للدكتور أحمد أبو سن ص 89.

(2) سبق تخريجه ص 46 من هذا البحث.

من ذهب أو فضة فإن كان له ماشية أو ابل فلا تدخلها إلا بإذنه، فإن أكثرها له، فإذا آتيتها فلا تدخل علياه دخول متسلط عليه ولا عنيف، ولا تنفرن بهيمـةً، ولا تفزعها، ولا تسوأن صاحبها فيها، واصدع المال صدعين ثم خيره، فإذا اختار فلا تعرض لما اختاره، فلا تزال كـذلك حتى يبقى ما فيه وفاء لحق الله في ماله، فاقبض حـق الله منـه، فإن اسـتقالك فأقلـه، ثـم اخلطهما ثم اصنع مثل الذي صنعت أولاً، حتى تأخذ حق الله في ماله"[1].

- وفي وصية أخر لعلي بن أبي طالب رضي الله عنه لأحد عماله: "إذا قدمت عليـهم فـلا تبـيعن لهـم كسوة شتاء ولا صيف، ولا رزقاً يأ:لونه، ولا دابة يعملون عليها، ولا تضرب أحداً منهم سوطا واحداً في درهم، ولا تقمه في طلب درهم، ولا تبع لأحد منهم عن صـافي شيء مـن الخـراج، فإنمـا أمرنـا أن نأخذ العفو منهم"[2].

- وكما ذكرنا في عهد ابن الخطاب رضي الله عنه كيف أن أساليب الرقابة في عهـده تعـددت فكـان إذا استعمل عاملاً كتب له عهداً وأشهد عليه جماعة، كما كان يحصي عماله عند التوليـة، ويـأمرهم أن يدخلوا المدينة نهاراً ليكشف ما عادوا به[3].

فمن توجيهات عمر بن الخطاب رضي الله عنه ما جاء في كتابه إلى عمال الخراج: "أمـا بعـد: فـإن الله خلق الخلق بالحق، فلا يقبل إلا الحق، خذوا الحق، وأعطوا الحق، والأمانة الأمانة قوموا عليهـا، ولا تكونـوا أول من يسلبها، فتكونوا شركاء من بعدكم إلى ما كسبتم، والوفاء الوفاء، لا تظلموا اليتيم ولا المعاهـد، فـإن الله خصم لمن ظلمهم"[4].

---

[1] الخراج للقرشي ص71.

[2] انظر: الخراج لأبي يوسف ص16.

[3] للمزيد انظر ص19 وما بعدها من هذا البحث.

[4] انظر: تاريخ الطبري جـ 4 ص245.

ومن تعليماته أيضاً: "... إني لا أجد هذا المال يصلحه خلال ثلاث: أن يؤخذ بالحق، ويعطى بالحق، ويمنع من الباطل"[1].

وخلاصة القول أن التطبيقات السابقة تدل على أن الرقابة السابقة يقرها النظام الاقتصادي الإسلامي، ووجدت لها تطبيقات في الواقع العملي تتلاءم مع الواقع آنذاك، ومن مزايا الرقابة المالية السابقة أنها تمنع الانحرافات قبل وقوعها مما يساعد على ذلك وضع قواعد لتصرفات المال العام قبل حدوثها حتى تتم عملياته في حدود تلك القواعد، ولا يمنع النظام الاقتصادي الإسلامي من تطوير وتنظيم الرقابة المالية المسبقة بما يخدم وفكرة الرقابة المالية على المال العام جباية وحفظاً وإنفاقاً.

المطلب الثاني: الرقابة المالية أثناء التنفيذ:

تعد الرقابة المالية أثناء التنفيذ من وسائل الرقابة الفعالة على المال العام لذا لاقت اهتماماً كبيراً من ولاة الأمور، وتمثل ذلك من خلال الآتي:

أولاً: متابعة العمال والولاة في مواقع أعمالهم:

كانت أعمال العمال والولاة محل متابعة حثيثة - وخاصة في المجال المالي - حيث يتم مراقبة الإيرادات والنفقات، والحيلولة دون تعدي العمال على المال العام، من جهة الإسراف أو الاختلاس أو غيرها.

وتحدث كتاب الخراج لأبي يوسف عن كيفية المراقبة أثناء التنفيذ خاصة على إيرادات الدولة حيث يقول: "أرى أن تبعث قوماً من أهل الصلاح والعفاف، ممن يوثق بدينه وأمانته، يسألون العمال وما عملوا به في البلاد وكيف جبوا الخراج على ما أمروا به، وعلى ما وظف على أهل الخراج واستقر، فإذا ثبت ذلك عندك وصح، أخذوا بما استفضلوا من ذلك أشد الأخذ حتى يؤدوه بعد العقوبة الموجعة والنكال حتى لا يتعدوا..."[2].

---

[1] الطبقات الكبرى لابن سعد جـ 3 ص299.
[2] الخراج لأبي يوسف ص111.

وروي عن عمر بن الخطاب رضي الله عنه أنه قال: "أرأيتم إن استعملت عليكم خير من أعلم ثم أمرته بالعدل أفقضيت ما عليَّ؟ قالوا: نعم، قال: لا، حتى انظر في عمله أعمل بما أمرته أم لا"[1].

ويروى أن الخليفة عمر بن الخطاب رضي الله عنه بعث حذيفة بن اليمان على ما سقت دجلة، وبعث عثمان بن حنيف على ما دون دجلة، فأتياه، فسألهما: "كيف وضعتما على أهل الأرض؟ فقالا: وضعنا على كل رجل أربعة دراهم كل شهر. فقال: ما أظنكما إلا قد أكثرتما، ومن يطيق هذا؟ فقالا: إن عندهم فضولاً وإن لهم أشياء فسكت"[2].

ثانياً: رسل تقصي الحقائق:

كان الولاة يرسلون رسلاً لتقصي الحقائق والسؤال عن سيرة العمال وأحوالهم مع الرعية، والتحقيق فيما يصل إلى الخليفة من تظلمات وتعدٍ على الأموال العامة.

وقد أقام عمر بن الخطاب رضي الله عنه جهازاً لهذا الغرض على رأسه محمد بن مسلمة.

ومما يؤثر أيضاً في هذا المجال ما كتبه علي بن أبي طالب رضي الله عنه إلى واليه كعب بن مالك: "أما بعد: فاستخلف على عملك واخرج في طائفة من أصحابك حتى تمر بأرض كورة السواد، فتسأل عن عمالي وتنظر في سيرتهم فيما بين دجلة والعذيب"[3].

---

(1) السنن الكبرى للبيهقي جـ 8 ص 163.

(2) الخراج للقرشي ص 73.

(3) الإدارة الإسلامية فيعز العرب محمد كردعلي ص 62.

العذيب: هو ماء بين القادسية والمغيثة، وقيل هو حد السواء. انظر: معجم البلدان للحموي جـ 4 ص103.

دجلة: نهر بغداد. انظر: معجم البلدان للحموي جـ 2 ص502.

ثالثاً: الزيارات التفتيشية على العمال:

وهي الانتقال إلى مواقع العمل للوقوف على سيرة العمال مع الرعية ويرى عن كثب مجريات الأمور والحالة الاقتصادية وغيرها.

فقد زار عمر بن الخطاب رضي الله عنه بيت المال، فرأى شاة ذات ضرع ضخم فقال: "ما أظن أهل هذه أعطوها وهم طائعون، لا تأخذوا حزرات المسلمين (أي خيار أموالهم)" [(1)] وهذا تطبيق لوصية الرسول صلى الله عليه وسلم لمعاذ عندما قال له: (فإياك وكرائم أموالهم) [(2)].

ولابد أن نذكر هنا زيارة عمر بن الخطاب رضي الله عنه للشام حيث خطب بالناس قائلاً: "ألا إني قد وليت عليكم، وقضيت الذي عليّ في الذي ولاني الله من أمركم إن شاء الله، قسطنا بينكم فيأكم ومنازلكم ومغازيكم، وأبلغنا ما لديكم... فمن علم عِلم شيء ينبغي العمل به فبلغنا، نعمل به إن شاء الله"[(3)].

ويبعد أن عمر أحسّ بما حققته زيارته تلك إلى الشام من خير عميم للمسلمين، فراودته نفسه أن يعيد التجربة على نطاق أوسع في سائر أرجاء الدولة، ليؤدي حق رعاياه فيها. ومن ثم فيروى أنه قال: "لئن عشت إن شاء الله لأسيرن في الرعية حولاً، فإني أعلم أن للناس حوائج تقطع دوني، أما عمالهم فلا يرفعونها إليّ، وأما هم فلا يصلون إليَّ..."[(4)].

---

(1) الأموال لأبي عبيد ص494 – 495.

(2) سبق تخريجه ص46 من هذا البحث.

(3) عمر بن الخطاب وأصول السياسة والإدارة الحديثة للدكتور سليمان الطماوي ص101.

(4) المرجع نفسه ص102.

رابعاً: المؤتمرات والاجتماعات العامة:

المؤتمرات والاجتماعات العامة فرصة سانحة لأن يرفع الأفراد التظلمات لولي الأمر، وأن يبين نهج سياسته لتسيير أمور الدولة - وخاصة الجانب المالي -.

ومما يؤثر في هذا المجال أن عمر بن الخطاب رضي الله عنه كان يطلب من عماله أن يوافوه بموسم الحج فقال مرة: "أيها الناس: إني لم أبعث عمالي عليكم لصيبوا من أبشاركم ولا من أموالكم، إنما بعثتهم ليحجزوا بينكم وليقسموا فيأكم بينكم..." [(1)].

يقول العقاد في تعليقه على ذلك: "وجعل (عمر) موسم الحج موسماً للمراجعة والمحاسبة واستطلاع الآراء في أقطار الدولة من أقصاها إلى أقصاها، يفد فيه الولاة والعمال لعرض حسابهم وأخبار ولايتهم، ويفد فيه أصحاب المظالم والشكايات لبسط ما يشكيهم، ويفد فيه الرقباء الذين كان يبثهم في أنحاء البلاد لمراقبة الولاة والعمال.. فهي جمعية عمومية، كأوفى ما تكون الجمعيات العمومية في عصر من العصور. وكان عمر يستشير جميع هؤلاء ويشير عليهم، ويستمع لهم ويسمعهم ويتوخى في جميع ذلك تمحيص الرأي وإبراء الذمة"[(2)].

المطلب الثالث: الرقابة المالية اللاحقة:

وهي الرقابة التي تقع على العمال بعد فراغهم من العمل والتأكد من أن الإيرادات والنفقات تم تحصيلها وإنفاقها وفقاً للقواعد الشرعية، وفحص المعاملات الحسابية والمالية في الفترة اللاحقة لإتمام عملية التنفيذ، وكشف المخالفات المالية التي ارتكبها العمال في جباية المال العام وإنفاقه ومحاسبتهم باتخاذ الإجراءات المناسبة بحقهم.

---

(1) الخراج لأبي يوسف ص 261. وانظر: - التاريخ للطبري جـ 4 ص204.
- مناقب عمر بن الخطاب لابن الجوزي ص94.

(2) عبقرية عمر رضي الله عنه للعقاد ص25.

وبما أن الرقابة المالية اللاحقة تبدأ من حيث انتهت مراحل تنفيذ المعاملة المالية، دون أن يكون لها دور في عملية التنفيذ المالي الذي اتبعته الإدارة وما حققته من نتائج، إلا أن لها مزية - بالإضافة إلى محاسبة المسؤولين - تتمثل في التعويض عن الضرر المتسبب، والإحاطة دون إعادة ارتكاب المخالفات في التطبيقات اللاحقة[1].

وتطبيقات هذا النوع من الرقابة في الاقتصاد الإسلامي كثيرة منها:

- رقابة الرسول صلى الله عليه وسلم لابن اللتبية[2] عامله على اليمن، فهو شاهد واضح على أن العامل بعد انتهائه من العمل لابد أن يخضع إلى رقابة ومتابعة.
- أن عمر بن الخطاب استعمل عتبة بن أبي سفيان على كنانة فقدم معه بمال فقال عمر: ما هذا يا عتبة؟ قال: مال خرجت به معي واتجرت فيه. قال: ومالك تخرج المال معك في هذا الوجه. فصيره إلى بيت المال"[3].
- من ذلك ما قاله لأبي هريرة رضي الله عنه عندما قدم من البحرين: "قال له عمر: يا عدو الله وعدو كتابه، أسرقت مال الله، قال: لست بعدو الله ولا عدو كتابه ولكني عدو من عاداهما، ولم أسرق مال الله. قال له: فمن أين اجتمعت لك عشرة آلاف درهم. فقال: خيلي تناسلت، وعطائي تلاحق، وسهامي تلاحقت، فبضها منه"[4].
- ويروى أن عبد الملك بن مروان بلغه أن بعض كتابه قبل هدية، فقال له: أقبلت هدية منذ وليتك؟ فقال: نعم قد قبلت، فقال: والله إن كنت قبلت هدية لا

[1] انظر: الرقابة المالية العليا د. فهمي محمود شكري ص 22 - 23.
[2] انظر: تخريجه ص 11 من هذا المبحث.
[3] تاريخ الطبري للطبري جـ 4 ص 220.
[4] الأموال لأبي عبيد ص 250.

تنوي مكافأة المهدي لها. إنك لئيم ودنيء، وإن كنت قبلتها تستكفي رجلاً لم تكن تستكفيه لولاها، إنك لخائن، وإن كنت تعوض المهدي عن هديته، وألا تخون له أمانته، ولا تسلم له ديناً، فقد قبلت ما بسط عليك لسان معامليك، وأطمع فيك سائر مجاوريك وسلبك هيبة سلطانك[1].

- ويذكر المؤرخون أن عبد الرحمن بن عوف أعاد توزيع ابل الصدقة في عهد عثمان بن عفان رضي الله عنه، وذلك أن بعض السعاة أقبلوا بإبل الصدقة فوهبها عثمان رضي الله عنه لبعض أهل الحكم، فلما بلغ ذلك عبد الرحمن بن عوف رضي الله عنه دعا بعض أصحاب النبي صلى الله عليه وسلم، فاستردوا له هذه الإبل وقسمها في الناس، والخليفة عثمان رضي الله عنه في داره لم ينكر ذلك الأمر ولم يغيره بل لم يكلم فيه عبد الرحمن ولا أصحابه، فكأن الخليفة أخطأ ورده عبد الرحمن بن عوف رضي الله عنه، ولا غضاضة في ذلك، فالخليفة معرّض للخطأ كسائر الناس وابن آدم خطاء وخير الخطّائين التوابون[2].

- ويذكر أن الأمويين سنّوا نظاماً دقيقاً للرقابة المالية، ففي عهد عبد الملك بن مروان، كان يعمل تحقيقاً مع الجباة وموظفي الخراج عند اعتزالهم، ووصل الأمر إلى درجة التعذيب ليقروا بأسماء من أودعوا عندهم ودائعهم وأموالهم، ويردوا إلى بيت المال ما سلبوه من الأموال وهو ما يسمى "بالاستخراج أو التكشيف"، وقد كان التحقيق مع هؤلاء في أماكن خاصة تسمى "دار الاستخراج"، وللعلم فإن لتحقيق - في أغلب الأحيان - ما يتعدى حدوده الشرعية[3].

[1] انظر: الوزراء والكتاب للجهشياري ص 43.
[2] انظر: السياسة المالية لعثمان بن عفان قطب إبراهيم ص 84.
[3] انظر: النظم الإسلامية للدكتور حسن إبراهيم وزميله ص 225.

المبحث الثاني

أنواع الرقابة المالية من حيث الجهة في النظام الاقتصادي الإسلامي

- المطلب الأول: الرقابة المالية الداخلية (الذاتية).

- المطلب الثاني: الرقابة المالية الخارجية.

  - الفرع الأول: الرقابة المالية الشعبية.

  - الفرع الثاني: الرقابة المالية التنفيذية.

المبحث الثاني

أنواع الرقابة المالية من حيث الجهة في النظام

الاقتصادي الإسلامي

المطلب الأول: الرقابة الداخلية (الذاتية):

لأهمية الرقابة الذاتية في الاقتصاد الإسلامي، سنتناولها إن شاء الله من خلال الجوانب التالية:

الفرع الأول: مفهوم الرقابة الذاتية وأهميتها:

الرقابة الذاتية في الاقتصاد الإسلامي: هي استشعار المسلم رقابة الله تعالى على نفسه وما يصدر عنها من الأقوال والأفعال.

وقد ركز الإسلام على هذا النوع من الرقابة، وجعلها أسمى أنواع الرقابة الفعّالة، واعتبرها خط الدفاع الأول، وصمام الأمان لأي انحراف مالي. فهو يركز – بصفة عام – على إعداد المسلم وتربية ضميره باعتباره أن ذلك هو أداة الرقابة الذاتية الحية الفعّالة[1].

والآيات التي تحث المسلم على الرقابة الذاتية كثيرة منها:

قال تعالى: ﴿وَكَانَ اللَّهُ عَلَى كُلِّ شَيْءٍ رَقِيبًا﴾ [2].

قال تعالى: ﴿إِنَّ اللَّهَ كَانَ عَلَيْكُمْ رَقِيبًا﴾ [3].

---

[1] انظر: الرقابة الإدارية في النظام الإداري الإسلامي للدكتور محمد طاهر عبد الوهاب ص285.
[2] سورة الأحزاب آية 52.
[3] سورة النساء آية 1.

قال تعالى:﴿ بَلِ الْإِنْسَانُ عَلَى نَفْسِهِ بَصِيرَةٌ ﴾ [1].

قال تعالى: ﴿ وَلَا تَأْكُلُوا أَمْوَالَكُمْ بَيْنَكُمْ بِالْبَاطِلِ وَتُدْلُوا بِهَا إِلَى الْحُكَّامِ لِتَأْكُلُوا فَرِيقًا مِنْ أَمْوَالِ النَّاسِ بِالْإِثْمِ وَأَنْتُمْ تَعْلَمُونَ(188) ﴾ [2].

كما أن هذا النوع من الرقابة يعد ميزة في الاقتصاد الإسلامي، لا نجده في النظم الاقتصادية الوضعية التي تنكر الوازع الديني في توجيه النشاط الاقتصادي، بالرغم من حاجة النشاط الاقتصادي للوازع الديني لأن "الأسس الاعتقادية والأخلاقية تولِّد في النفس دوافع إنسانية وأخلاقية، تجعل الحياة الاقتصادية منسجمة مع الحياة الأخلاقية والروحية.. وتولِّد في النفس شعوراً بالمسؤولية أمام الله، فيشعر بالارتياح إن أدّى الأمانة وعمل لنفع البشر وخيرهم، كما يشعر بالألم إذا غش أو ظلم وأكل حقوق الناس"[3].

ولهذا كتب اثنان من الباحثين الفرنسيين مقالاً سنة 1946م قالا فيه: "حاولنا كل النظم الاقتصادية، حاولنا النظم الرأسمالية، حاولنا النظم الإدارية. وفشلنا. ومن أهم ما فشلنا فيه عدالة التوزيع والرقابة، وأعلنا أن في الإسلام عجباً، لأن الرقابة فيه لا تأتي من شخص ولا من هيئة على هيئة، وإنما الرقابة التي جاء بها الإسلام هي مراقبة الإنسان لربه، ونضج الضمير الديني وهذا وحده قوة كامنة في الإسلام"[4].

---

[1] سورة القيامة آية 14.

[2] سورة البقرة آية 188.

[3] نظام الإسلام – الاقتصاد – للدكتور محمد مبارك ص 23 - 29.

[4] الحرية الاقتصادية في الإسلام للدكتور سعيد بسيوني ص 643.

الفرع الثاني: وسائل تحقيق الرقابة الذاتية:

الوسائل التي سلكها الإسلام لتحقيق الرقابة الذاتية كثيرة ومتنوعة منها:

أولاً: العبادات:

مما لا شك فيه أن التكاليف التي فرضها الله على عباده من شأنها أن تزكي الفرد وتعزز لديه الرقابة الذاتية في كل تصرف يتصرف به، وليس المقصود أن نذكر حكمة كل تكليف، ويمكن القول أن الفرد المسلم حين يؤدي ما اقترض الله عليه من تكاليف، تولد فينفسه استشعار مخافة الله تعالى، ومن ثم يقظة الوازع الديني الذي كما ذكرنا سابقاً بأنه صمام الأمان وخط الدفاع الأول لأن يحافظ المسلم على المال العام من الهدر والإسراف والاختلاس وغيره.

وبهذا تعتبر العبادة هي الوسيلة الفعّالة في تنمية الرقابة الذاتية، فالإيمان لا ينمو ما لم يكن مدعوماً بعوامل تغذية على الدوام، وتلك العوامل هي العبادات[1] فعبادة الصوم

مثلاً لها تأثير فعّال على طبع الإنسان وسلوكه:

- فالصوم وسيلة قوية لترويض الإدارة على الصمود أمام نوازع الشهوات ودوافع الهوى ومغريات الحياة.
- والصوم وسيلة للعفة في كل شيء لأن صوم المسلم يذكره دائماً برقابة الله عليه ويدفعه للإقبال على تنفيذ أوامره والابتعاد عما نهى عنه كالاعتداء على الأموال العامة بالبذخ والسرقة والاختلاس وغيرها.
- والصوم وسيلة إلى التقوى لأن نفس الإنسان إذا انقادت للامتناع عن الحلال طمعاً في مرضاة الله تعالى وخوفاً من أليم عقابه فالأولى أن تنقاد للامتناع عن الحرام[2].

---

[1] انظر: أبحاث في الاقتصاد الإسلامي د. محمد فاروق النبهان ص 25.

[2] انظر: العبادة وآثارها النفسية والاجتماعية د. نظام الدين عبد الحميد ص 88 وما بعدها.

وهكذا نجد في العبادة الإسلامية الأصول والأسس للرقابة الذاتية في مجال المال العام فتمنع المسلم من أن يستثمر ماله في الحرام أو ينفقه إسرافاً وتبذيراً أو أن يتعدى عليه بأي شكل من أشكال الاعتداء.

ثانياً: مبدأ الاستخلاف:

قال تعالى: (وَإِذْ قَالَ رَبُّكَ لِلْمَلَائِكَةِ إِنِّي جَاعِلٌ فِي الْأَرْضِ خَلِيفَةً) [1] **وقال تعالى:** (**وَأَنْفِقُوا مِمَّا جَعَلَكُمْ مُسْتَخْلَفِينَ فِيهِ)** [2]. الآيات السابقة تقرر مبدأ فكرة الخلافة الإنسانية في الأرض وهي "فكرة اعتقادية ذات انعكاسات على تصرفات الفرد، لأنها تقيد الإنسان بقيود كثيرة تتناسب مع دوره في حمل الخلافة، فكلمة الخلافة تعطي معنى الوكالة، والوكالة قيد يلتزم به الوكيل، وإذا كان المستخلف هو الله، فإن الخليفة وهو الإنسان ملتزم بأن يتقيد في سلوكه بأوامر المستخلف، لكي يكون أهلاً للخلافة.. ومن هنا فإن الدعوة القرآنية إلى الإنفاق قد اقترنت بالتذكير بمعنى الاستخلاف على الأموال لئلا يظن المالك أن حقه في المال حق ثابت دائم مطلق..." [3].

وبهذا فإن فكرة الاستخلاف تنمي عند الفرد المسلم الرقابة الذاتية وخاصة على الأموال بشكل عام، فيعمل الفرد المسلم جاهداً على أن لا يخرج عن إرادة المستخلف وهو الله سبحانه، فإذا انحرف صاحب المال عن النهج الذي رسمه الإسلام فعندئذ يعتبر قد خرج عن الحدود المرسومة له، لذا فإنه يحمي المال العام ويصونه من أي اعتداء، ويدفعه إلى أن يؤدي المال العام دوره في التنمية والإنتاج كما أراد ذلك الله سبحانه وتعالى [4].

---

[1] سورة البقرة آية 30.
[2] سورة الحديد آية 7.
[3] أبحاث في الاقتصاد الإسلامي د. محمد النبهان ص 18.
[4] المرجع السابق ص 20.

ثالثاً: خلق الأمانة:

لقد ربّى الإسلام أفراده على الأمانة، وحسن القيام بالمهام التي أنيطت به على أكلم وجه، حيث اعتبر الإسلام الوظيفة العامة أمانة يجب أداؤها، ولا أدل على ذلك من قول الرسول صلى الله عليه وسلم لأبي ذر الغفاري رضي الله عنه في الإمارة: (إنها أمانة، وإنها يوم القيامة خزي وندامة إلا من أخذها بحقها وأدّى الذي عليه فيها)[1].

رابعاً: مبدأ الثواب والعقاب:

يسعى المسلم جاهداً لتحصيل الثواب ويحذر العقاب، لذا جعل الإسلام اختلاس المال العام وهدره جريمة نكراء لا تكفرها كبرى الطاعات وهي الشهادة في سبيل الله. قال تعالى: (ومن يغلل يأت بما غل يوم القيامة)[2]. ويقول الرسول صلى الله عليه وسلم: (من استعملناه على عمل فكتمنا مخيطاً فما فوق كان غلولاً يأتي به يوم القيامة)[3].

يغرس الحديث الشريف في نفس العامل استشعار رقابة الله تعالى في أموال الرعية، ويحذر المعتدي عليها بالعقاب يوم القيامة.

خامساً: القدوة في العمال والولاة:

اعتنى الإسلام عناية فائقة في اختيار العمال، فلا يولى العامل عملاً إلا إذا توفرت فيه تقوى الله والخشية منه. يقول أبو يوسف ناصحاً: "ولا تولى النفقة على ذلك إلا رجلاً يخلف الله تعالى، يعمل في ذلك بما يجب عليه لله، عرفت أمانته وحمد مذهبه، ما حفظ من حق وأدى من أمانة، احتسب به الجنة، وما عمل من غير ذلك خاف عقوبة الله بعد الموت، ولا تول من يخونك ويعمل في ذلك بما لا يحل، يأخذ المال من بيت المال لنفسه ومن معه، فإن المرء إذا لم يكن عدلاً ثقةً أميناً، فلا يؤتمن على المال"[4].

---

(1) سبق تخريجه ص 45 من هذا البحث.
(2) سورة آل عمران آية 161.
(3) سبق تخريجه ص 11 من هذا البحث.
(4) الخراج لأبي يوسف ص 106 وما بعدها.

وحياة الرسول صلى الله عليه وسلم حافلة في جميع جوانبها – بالقدوة الطيبة الحسنة وورثها الخلفاء الراشدون من بعدهم من الصالحين. فهذا عمر بن الخطاب رضي الله عنه يعبر عنها بقوله: "الرعية مؤدية إلى الأمام ما أدّى الإمام إلا الله، فإن رتع الإمام رتعوا!" [1].

الفرع الثالث: تطبيقات على الرقابة الذاتية:

كان لهذا النوع من الرقابة تطبيقات عملية في حياة الرسول صلى الله عليه وسلم والسلف الصالح، ترقى إلى مستوى عالٍ من يقظة الضمير أمام أموال المسلمين، وهذه نماذج لتطبيقات الرقابة المتعلقة بالمال العام والحفاظ عليه:

- يعد الرسول صلى الله عليه وسلم أول من سنّ مبدأ الرقابة الذاتية، فيروي عدي بن عميرة الكندي عن الرسول صلى الله عليه وسلم قوله: (من استعملناه على عمل فكتمنا مخيطاً فما فوقه كان غلولاً يأتي به يوم القيامة) [2].

يغرس هذا الحديث الشريف في نفس العامل استشعار رقابة الله تعالى في أموال الرعية، ويحذر المعتدي عليها بالعقاب يوم القيامة.

- ذكر أبو عبيد عن أنس بن مالك أن أبا بكر قال لعائشة رضي الله عنهما وهي ممرضة: "أما والله لقد كنت حريصاً على أن أوفر في فيء المسلمين، على أنّي قد أصبت من اللحم واللبن فانظري ما كان عندنا فأبلغيه عمر، قال: "وما كان عنده دينار ولا درهم ما كان إلا خادماً ولقحة [3] ومحلباً [4] – فلما رجعوا من جنازته أمرت به عائشة إلى عمر فقال: رحم الله أبا بكر، أتعب من بعده" [5].

---

[1] عمر بن الخطاب وأصول السياسة والإدارة الحديثة للدكتور سليمان الطماوي ص63.

[2] سبق تخريجه ص11 من هذا البحث.

[3] اللقحة: الناقة الحلوب الغزيرة اللبن. انظر: المعجم الوسيط للدكتور إبراهيم أنيس وآخرون جـ 1 ص834.

[4] محلباً: الإناء الذي يحلب فيه. انظر: المرجع السابق جـ 1 ص191.

[5] الأموال لأبي عبيد ص 280 – 281.

فهذا أنموذج رائع لما تفعله وتصنعه رقابة الله عز وجل، فقد جعلت من خليفة رسول الله صلى الله عليه وسلم مثلاً رائعاً في الزهد والحرص على أموال المسلمين، وقبل لك تبرع بكل ما له في سبيل الله ومجتمعه[(1)]، لأن المال عندهم ملك لله والإنسان مستخلف فيه ومفوض عليه ونائب عن الله فيه، فهو وديعة وأمانة.

- وجاء أيضاً أن علياً بن أبي طالب قال: "رأيت عمر يعدو فقلت: يا أمير المؤمنين أين تذهب؟ قال: بعير ندّ من إبل الصدقة أطلبه. فقلت: لقد أتعبت من بعدك. فقال عمر: فالذي بعث محمداً صلى الله عليه وسلم بالنبوة لو أن عناقاً (عنزاً) ذهبت شاطئ الفرات لأخذ بها عمر يوم القيامة"[(2)].
- من التطبيقات أيضاً: بعد أن فتح الله على المسلمين في معركة القادسية، جاء رجل من الجيش إلى صاحب الأقباض، ودفع إليه أمانات من حقوق بيت المال كان يحملها. فسأله سائل: هل أخذت منها شيئاً، فأجاب والله لولا الله ما أتيكم بها، فقالوا: من أنت؟ فقال: والله لا أخبركم فتحمدوني ولكن أحمد الله وأرضى بثوابه، فسألوا عنه، فإذا هو عامر بن عبد القيس. وحملت الأمانات إلى أمير المؤمنين عمر بن الخطاب رضي الله عنه فلما رآها قال: إن قوماً أدوا هذا لذوي أمانة[(3)].

وبعث سعد بالأخماس إلى أمير المؤمنين عمر، وفياه سيوف كسرى ومنطقته وزبرجده، فلما رآها عمر قال: إن قوماً أدوا هذا لذوي أمانة. وكان سيدنا علي حاضراً فقم تفسيراً للموقف قائلاً: عففت فعفت رعيتك، ولو رتعت لرتعوا، فإن الرعية مؤدية إلى الإمام ما أدى الإمام إلى الله، فإن رتع الإمام رتعوا"[(4)].

---

(1) انظر: الرقابة على الإنفاق العام للدكتور يوسف إبراهيم ص698.

(2) مناقب عمر لابن الجوزي ص185.

(3) انظر: - مع الرعيل الأول محب الدين الخطيب ص160.

- الكامل لابن الأثير جـ 2 ص517.

(4) مع الرعيل الأول للدكتور محب الدين الخطيب ص160.

من هذا المثل الرائع رأينا كيف أن الرقابة الذاتية، واستشعار مخافة الله كيف صانت المال العام وحافظت عليه.

تطبيقات الرقابة الذاتية كثيرة في حياة السلف الصالح ولكن لابد من ذكر هذه الحادثة ومع الخليفة الراشدي الخامس عمر بن عبد العزيز رضي الله عنه لنختم بها هذه التطبيقات: "وفد على عمر بن عبد العزيز بريدٌ من بعض الآفاق فانتهى إلى باب عمر ليلاً، فقرع الباب فخرج إليه البواب فقال: أعْلِم أمير المؤمنين أن بالباب رسولاً من فلان عامله، فدخل فأعلم عمر - وقد كان أراد أن ينام - فقعد وقال: ائذن له، فدخل الرسول فدعا عمر بشمعة غليظة فأججت ناراً، وأجلس الرسول وجُلس عمر، فسأله عن حال أهل البلد ومن بها من المسلمين وأهل العهد، وكيف سيرة العامل، وكيف الأسعار، وكيف أبناء المهاجرين والأنصار، وأبناء السبيل والفقراء وهل أعطى كل ذي حق حقه، وهل له شاك؟ وهل ظلم أحداً؟ فأنباه بجميع ما علم الرسول من أمر تلك البلدة... حتى إذا فرغ عمر من مسألته قال له: يا أمير المؤمنين كيف حالك في نفسك وبدنك؟ وكيف عيالك وجميع أهل خزانتك ومَنْ تُعْنى بشأنه؟ قال: فنفخ عمر الشمعة فأطفأها بنفخته، وقال: يا غلام عليّ بسراج فدعا بفتيلة لا تكاد تضيء فقال: سل عما أحببت. فسأله عن حاله فأخبره عن حاله وحال ولده وعياله وأهل بيته، فعجب البريد للشمعة وإطفائه إياها وقال: يا أمير المؤمنين رأيتك فعلت أمراً ما رأيتك فعلت مثله. قال:وما هو؟ قال: يا عبد الله إن الشمعة التي رأيتني أطفأتها من مال الله ومال المسلمين، وكنت أسألك عن حوائجهم وأمرهم، فكانت تلك الشمعة تَقِدُ بين يديّ فيما يصلحهم وهي لهم، فلما صرت لشأني وأمر عيالي ونفسي وأطفأت نار المسلمين"[1].

وخلاصة القول أن الرقابة الذاتية رقابة وقائية مانعة تتأثر بقوة وضعف الوازع الديني، فكلما كان الوازع الديني قوياً كانت رقابة الإنسان لنفسه ظاهرة

[1] مناقب عمر بن عبد العزيز لابن الجوزي ص133.

بجلاء ووضوح، بل نستطيع أن نقول إنه يمكن الاستعاضة عن بقية أنواع الرقابة إذا توفرت الرقابة الذاتية، وهي تتميز بقلة التكاليف، بحيث لا تحتاج إلى أجهزة ومؤسسات رقابية، وهي تشمل كل أفراد الرعية فلا تخص الحاكم دون المحكوم.

المطلب الثاني: الرقابة الخارجية على المال العام في الاقتصاد الإسلامي:

بالرغم من أهمية الرقابة الذاتية والدور الهام الذي تقوم به للحفاظ على المال العام، إلا أن هذه الرقابة قد تضعف نتيجة لضعف الوازع الديني، ويقظة الضمير، لذا يقرر الاقتصاد الإسلامي أنواعاً أخرى للرقابة على المال العام إيراداً وأنفاقاً وهو ما يطلق عليه الرقابة الخارجية، لكونها تقع خارج نطاق الشخص ذاته وتشمل:

الفرع الأول: الرقابة الشعبية على المال العام في الاقتصاد الإسلامي:

يمثلها الرأي العام ممثلة في الأفراد وأهل الحل والعقد، وفي هذا المجال كان لعمر بن عبد العزيز رؤية خاصة في تحمل المسؤولية، فهو يرى أن المسؤولية في الظلم مشتركة بين الحاكم والمحكوم، فإذا كان الحاكم عليه إثم المظالم، فإن الرعية تحمل معه إثمه، إذا لم تراقبه، وتقف له بالمرصاد، وإذا لم تحاسب الرعية الولاة أخطأت الرأي، وأصيبت بالحرمان، بل كان يرى أن الرعية التي لا تراقب الحاكم متحاسبة معه تستحق العقاب لأنها لم تنكر المعصية، ولم ترفض المظالم[1].

أولاً: رقابة الأفراد على المال العام في الاقتصاد الإسلامي:

الفرد في النظام الاقتصادي الإسلامي مكلف بأن يرعى مصالح الجماعة كأنه حارس موكل بها ومسؤول عنها لقوله صلى الله عليه وسلم: (كلكم راع وكلكم مسؤول عن رعيته... الحديث)[2]، والمال العام ملك لمجموع الأمة يجب المحافظة عليه، لذا وجب على

---

[1] انظر: النظم الإدارية للدكتور فرج محمد الهوني ص229.
[2] صحيح مسلم بشرح الإمام النووي كتاب الإمارة باب فضيلة الأمير العادل جـ 12 ص213.

الفرد المسلم أن يمارس صلاحياته في الحفاظ على المال العام إن أساء القائمون عليه استخدامه، باعتباره واجباً دينياً يترتب عليه الثواب والعقاب انطلاقاً من قاعدة الأمر بالمعروف والنهي عن المنكر.

قال تعالى:(وَلْتَكُنْ مِنْكُمْ أُمَّةٌ يَدْعُونَ إِلَى الْخَيْرِ وَيَأْمُرُونَ بِالْمَعْرُوفِ وَيَنْهَوْنَ عَنِ الْمُنْكَرِ)[1] .

والرقابة الفردية أيضاً تنطلق من قوله تعالى: قال تعالى: (وقل اعملوا فسيرى الله عملكم ورسوله والمؤمنون)[2].

من هذه الآية الكريمة يتبين أن: "المؤمنين - أفراد أو جماعات - يرون ما يعمله كل فرد في الدولة، ومن الأفراد ولي الأمر ومعاونوه الذين يتصرفون في المال العام إنفاقاً وتحصيلاً... والهدف من الرؤية ليس إمتاع النظر أو التسلية - وإنما هو وضع التصرفات تحت المراقبة من أجل الحكم عليها وتبين مدى قربها أو بعدها من أحكام الإسلام"[3] .

وحديث الرسول صلى الله عليه وسلم في النصيحة، شاهد على حق الأفراد - بل الواجب عليهم - في ممارسة الرقابة على القائمين على المال العام. قال صلى الله عليه وسلم: (الدين النصيحة - ثلاثاً - قلنا: لمن يا رسول الله؟ قال: لله ولكتابه، ولرسوله، ولأئمة المسلمين وعامتهم)[4] .

وتعد رقابة الأفراد على المال العام في الاقتصاد الإسلامي ميزة تميز بها عن غيره، وتمثل ذلك في حرص الخلفاء - وخاصة الخلفاء الراشدون - على دعوة الأمة لممارسة الرقابة على كل تصرفاتهم - ومنها التصرفات المالية، باعتبار أن

---

[1] سورة آل عمران آية 104.
[2] سورة التوبة آية 105.
[3] النفقات العامة في الإسلام د. يوسف إبراهيم ص314.
[4] صحيح مسلم جـ 2 ص 36. وانظر: السنن للنسائي جـ 7 ص156.

المال العام هو حق الجميع. يقول عمر بن الخطاب رضي الله عنه: "والله الذي لا إله إلا هو، ما أحد إلا وله في هذا المال حق أعطيه أو أمنعه، وما أحد أحق به من أحد"[1] .

دعا أبو بكر رضي الله عنه الأمة لممارسة حقها الرقابي من أول خطبة له بعد توليه الخلافة بقوله: "أيها الناس: إني وليت عليكم ولست بخيركم فإن أحسنت فأعينوني، وإن أنا زغت فقوموني، أطيعوني ما أطعت الله ورسوله، فإن عصيت الله ورسوله فلا طاعة لي عليكم"[2] .

تطبيقات على الرقابة الشعبية التي يمارسها الأفراد:

- "جاءت عمر برود[3] من اليمن، ففرقها على الناس بُرداً بُرداً، ثم صعد المنبر يخطب وعليه حلة منها (أي بردان) فقال: اسمعوا رحمكم الله. فقام إليه رجل فقال: اسمعوا رحمكم الله. فقام إليه رجل فقال: والله لا نسمع، والله لا نسمع! فقال له عمر: ولِم؟! فقال: يا عمر، تفضلت علينا بالدنيا، فرقت علينا برداً برداً، وخرجت تخطب في حلة منها، فقال الخليفة الورع: أين عبد الله بن عمر. فقال: ها أنذا يا أمير المؤمنين. قال: لمن هذين البردين اللذين علي!؟! قال لي. قال الرجل: أما الآن، فقل نسمع ونطع"[4] .
- ومن الأمثلة: "أيضا ما حدث في عهد عثمان بن عفان رضي الله عنه حيث أن زيد بن أرقم خازن بيت المال ذهب إلى عثمان بن عفان معترضاً على إصداره أمراً بمنح زوج ابنته ليلة زفافه مبلغ عشرين ألف درهم من مال المسلمين، فقال له عثمان: أتبكي يا ابن أرقم إن وصلت رحمي؟ فقال ابن أرقم: والله لو أعطيته مائة درهم لكان كثيراً، فضب عثمان ويقول: إنك خازن. فيقول ابن أرقم: خازن بيت المال لا خازنك الخاص"[5] .

---

[1] الخراج لأبي يوسف ص46.
[2] الأموال لأبي عبيد ص10.
[3] برود: كساء مخطط يلتحف به. انظر: المعجم الوسيط للدكتور إبراهيم أنيس وآخرون جـ1 ص48.
[4] عمر بن الخطاب وأصول السياسة والإدارة الحديثة للدكتور سليمان الطماوي ص119.
[5] مراقبة الموازنة العامة للدكتور شوقي عبده الساهي ص 93.

- أنكر أبو ذر على معاوية عامل عثمان على الشام حين بنى الخضراء فقال له أبو ذر: "إن كنت إنما بنيتها من مال المسلمين فهي الخيانة، وإن كنت إنما بنيتها من مالك فإنما هو الإسراف"[1].

- لمّا تولى عمر بن عبد العزيز الخلافة كان يشجع الناس على رفع تظلماتهم إليه مؤكداً لهم أن من له مظلمة فلا إذن له عليه، فروي أنه خطب في الناس فقال: "أيها الناس: إني قد استعملت عليكم عمالاً لا أقول هم خياركم، فمن ظلمه عامل بمظلمة فلا إذن له عليّ"[2].

- وقد أثر عن عمر بن عبد العزيز في سبيل تسهيل وتشجيع رقابة الأفراد على العمال والولاة أن أمر بمكافأة كل من يقدم عليه وتعويضه عن النفقات فقال: "أما بعد، فأيما رجل قدم علينا في رد مظلمة أو أمر يصلح الله به خاصاً أو عاماً من أمر الدين، فله ما بين مائة دينار إلى ثلاثمائة دينا، يقدر ما يرى من الحسبة، وبُعد الشقة"[3].

ثانياً: الرقابة الشعبية التي يمارسها أهل الحل والعقد من خلال مجالس الشورى وغيرها:

أساس هذه الرقابة قوله تعالى:(وَأَمْرُهُمْ شُورَى بَيْنَهُمْ) [4]، وقوله تعالى:(وَشَاوِرْهُمْ فِي الأَمْرِ) [5]، وقوله تعالى: (وَلْتَكُنْ مِنْكُمْ أُمَّةٌ يَدْعُونَ إِلَى الْخَيْرِ وَيَأْمُرُونَ بِالْمَعْرُوفِ وَيَنْهَوْنَ عَنِ الْمُنْكَرِ) [6].

وقد طرأ على هذا النوع تطورات في الممارسة الفعّالة للرقابة على المال العام، نلخصها فيما يلي:

---

[1] المنظور الإسلامي والوضعي للرقابة على الإدارة العامة د. نعيم نصير ص 171.
[2] مناقب عمر بن عبد العزيز لابن الجوزي ص 55.
[3] مناقب عمر بن عبد العزيز لابن الاجوزي ص 137.
[4] سورة الشورى آية 38.
[5] سورة آل عمران آية 159.
[6] سورة آل عمران آية 104.

أولاً: الرقابة الشرعية على المال العام إيراداً وإنفاقاً:

من المهام الجليلة لأهل الحل والعقد الرقابة الشرعية على الأموال العامة، وذلك لضمان سيادة الشرع في الإيرادات والنفقات، وهو ما انتهجه أبو بكر الصديق رضي الله عنه فكان إذا عرض عليه أمراً نظر في كتاب الله فإن لم يجد نظر في سنة النبي صلى الله عليه وسلم وإن لم يجد جمع رؤساء الناس فاستشارهم، فإذا اجتمع رأيهم على شيء قضى به.

وقد ترجم ذلك عمر بن الخطاب رضي الله عنه فعلياً لما فتح الله على المسلمين بلاد الشام والعراق، اختلف الصحابة في مصير أرض سواد العراق، فمن قال توزع الأرض على الغانمين، ومن قال تبقى الأرض في أيدي أهلها، ولما لهذه الرواية من دلالة على كيفية مساهمة المسلمين متمثلة في أهل الحل والعقد في الرقابة الشرعية على المال العام وضمان سيادة مبدأ الشرع نوردها بتفاصيلها كما أوردها أبو يوسف في كتابه الخراج.

وشاورهم في قسمة الأرضين التي أفاء الله على المسلمين من أرض العراق والشام، فتكلم قوم فيها، وأرادوا أن يقسم لهم حقوقهم وما فتحوا، فقال عمر رضي الله عنه: فكيف بمن يأتي من المسلمين فيجدون أرض بعلوجها اقتسمت، وورثت عن الآباء وحيزت؟ ما هذا برأي!.

فقال له عبد الرحمن بن عوف رضي الله عنه، فما الرأي؟ ما الأرض والعلوج إلا مما أفاء الله عليهم، فقال عمر: ما هو إلا كما تقول: ولست أرى ذلك والله لا يفتح بعدي بلد فيكون فيه كبير نيل، بل عسى أن يكون كلا على المسلمين - فإذا قسمت أرض العراق بعلوجها، وأرض الشام بعلوجها فما يسد به الثغور وما يكون للذرية والأرامل بهذا البلد وبغيره من أرض الشام والعراق؟.

فأكثروا على عمر رضي الله عنه وقالوا أتقف ما أفاء الله علينا بأسيافنا على قوم لم يحضروا ولم يشهدوا، ولأبناء القوم، ولأبناء أبنائهم ولم يحضروا؟.

فكان عمر بن الخطاب رضي الله عنه قد حاججهم بما يلي:

"إني قد وجدت حجة، قال الله تعالى في كتابه: (وَمَا أَفَاءَ اللَّهُ عَلَى رَسُولِهِ مِنْهُمْ فَمَا أَوْجَفْتُمْ عَلَيْهِ مِنْ خَيْلٍ وَلَا رِكَابٍ وَلَكِنَّ اللَّهَ يُسَلِّطُ رُسُلَهُ عَلَى مَنْ يَشَاءُ وَاللَّهُ عَلَى كُلِّ شَيْءٍ قَدِيرٌ) [1]، حتى فرغ من شأن بني النضير فهذه عامة في القرى كلها. ثم قال: (مَا أَفَاءَ اللَّهُ عَلَى رَسُولِهِ مِنْ أَهْلِ الْقُرَى فَلِلَّهِ وَلِلرَّسُولِ وَلِذِي الْقُرْبَى وَالْيَتَامَى وَالْمَسَاكِينِ وَابْنِ السَّبِيلِ كَيْ لَا يَكُونَ دُولَةً بَيْنَ الْأَغْنِيَاءِ مِنْكُمْ وَمَا آتَاكُمُ الرَّسُولُ فَخُذُوهُ وَمَا نَهَاكُمْ عَنْهُ فَانْتَهُوا وَاتَّقُوا اللَّهَ إِنَّ اللَّهَ شَدِيدُ الْعِقَابِ) [2]، ثم قال: (لِلْفُقَرَاءِ الْمُهَاجِرِينَ الَّذِينَ أُخْرِجُوا مِنْ دِيَارِهِمْ وَأَمْوَالِهِمْ يَبْتَغُونَ فَضْلًا مِنَ اللَّهِ وَرِضْوَانًا وَيَنْصُرُونَ اللَّهَ وَرَسُولَهُ أُولَئِكَ هُمُ الصَّادِقُونَ) [3]، ثم لم يرض حتى خلط بهم غيرهم، فقال:(وَالَّذِينَ تَبَوَّءُوا الدَّارَ وَالْإِيمَانَ مِنْ قَبْلِهِمْ يُحِبُّونَ مَنْ هَاجَرَ إِلَيْهِمْ وَلَا يَجِدُونَ فِي صُدُورِهِمْ حَاجَةً مِمَّا أُوتُوا وَيُؤْثِرُونَ عَلَى أَنْفُسِهِمْ وَلَوْ كَانَ بِهِمْ خَصَاصَةٌ وَمَنْ يُوقَ شُحَّ نَفْسِهِ فَأُولَئِكَ هُمُ الْمُفْلِحُونَ) [4].

فهذا مما بلغنا والله أعلم للأنصار خاصة. ثم لم يرض حتى خلط غيرهم فقال: (وَالَّذِينَ جَاءُوا مِنْ بَعْدِهِمْ يَقُولُونَ رَبَّنَا اغْفِرْ لَنَا وَلِإِخْوَانِنَا الَّذِينَ سَبَقُونَا بِالْإِيمَانِ وَلَا تَجْعَلْ فِي قُلُوبِنَا غِلًّا لِلَّذِينَ آمَنُوا رَبَّنَا إِنَّكَ رَءُوفٌ رَحِيمٌ) [5].

فكانت هذه عامة لمن جاء من بعدهم فقد صار هذا الفيء بين هؤلاء جميعاً فكيف نقسمه لهؤلاء وندع ما تخلف بعدهم بغير قسم؟ فقالوا: استشر، فاستشار المهاجرين الأولين فاختلفوا.

---

[1] سورة الحشر آية 6.
[2] سورة الحشر آية 7.
[3] سورة الحشر آية 8
[3] سورة الحشر آية 8.
[4] سورة الحشر آية 9.
[5] سورة الحشر آية 10.

فأما عبد الرحمن بن عوف رضي الله عنه فكان رأيه أن تقسم لهم حقوقهم، ورأي عثمان وعلي وطلحة وابن عمر رضي الله عنه رأي عمر. فأرسل إلى عشرة من الأنصار، خمسة من الأوس وخمسة من الخزرج من كبرائهم وأشرافهم، فلما اجتمعوا حمد الله وأثنى عليه بما هو أهله ثم قال: إني لم أزعجكم إلا أن تشتركوا في أمانتي فيما حملت من أموركم، فإني واحد كأحدكم، وأنتم اليوم تقرون بالحق، خالفني من خالفني، ووافقني من وافقني، ولست أريد أن تتبعوا هذا الذي هواي، معكم من الله كتاب ينطق بالحق، فوالله لئن كنت نطقت بأمر أريده ما أريد. إلا الحق – قالوا: قد نسمع يا أمير المؤمنين.

قال: قد سمعتم كلام هؤلاء القوم الذين زعموا أني أظلمهم حقوقهم وإني أعوذ بالله أن أركب ظلماً – لئن كنت ظلمتهم شيئاً هو لهم وأعطيته غيرهم لقد شقيت. ولكن رأيت أنه لم يبق شيء يفتح بعد أرض كسرى قد غنمنا الله أموالهم وأرضهم وعلوجهم فقسمت ما غنموا من أموال بين أهله، وأخرجت الخمس فوجهته على وجهه، وأنا في توجيهه، وقد رأيت أن أجس الأرضين بعلوجها وأضع عليهم فيها الخراج، وفي رقابهم الجزية يؤدونها، فتكون فيئاً للمسلمين: المقاتلة والذرية ولمن يأتي من بعدهم.

أرأيتم هذه الثغور لابد لها من رجال يلزمونها، أرأيتم هذه المدن العظام، كالشام والجزيرة والكوفة والبصرة ومصر – لابد لها من أن تشحن الجيوش، وإدرار العطاء عليهم، فمن أين يعطى هؤلاء إذا قسمت الأرضون والعلوج؟.

قالوا جميعاً: الرأي رأيك، فنعم ما قلت وما رأيت، إن لم تشحن هذه الثغور وهذه المدن برجال وتجري عليهم ما يتوقون به رجع أهل الكفر إلى مدنهم.

ومع أن بعض كرام الصحابة عارضوا هذا الرأي كعبد الرحمن بن عوف والزبير بن العوام وبلال الحبشي الذين تمسكوا بآية الغنائم في سورة الأنفال، ومع أن معارضة بعضهم كانت شديدة، حتى استغاث عمر بالله منهم قائلاً: اللهم اكفني

بلال وأصحابه، حتى أقره على منطقة السليم كبار المهاجرين كعلي رضي الله عنه وعثمان بـن عفـان ومعاذ بن جبل وطلحة بن عبد الله رضي الله عنهم، حينئذ كتب عمر إلى سـعد أن ينظـر مـا أجلـب النـاس عليه من كراع أو مال فيقسمه بين من حضر من المسلمين ويترك الأرضين والأنهار لعملاهـا ليكـون ذلـك في أعطيات المسلمين، وبمثل هذا كتب إلى أبي عبيدة وسائر القواد مؤكدا أن مـا فتحـه المسـلمون مـن الأراضي وقف للأمة بجميع أجيالها ما دامت فيئا محبوسا لا ملكا موروثا"[1].

من هذه الرواية يتبين لنا ما يلي:

- أن أمير المؤمنين عمر بن الخطاب رضي الله عنه قـد شـاور مجموعـة مـن الصحابة مـن مهـاجرين وأنصار (وهو ما يطلق عليهم بأهل الحل والعقد) وأن الأغلبية رأى رأيه.
- أن أمير المؤمنين عمر رضي الله عنه دعّم رأيه بالأدلة الشرعية المقنعة.
- أن أمير المؤمنين عمر رضي الله عنه باعتباره خليفة المسلمين ومن واجبه تحقق المصلحة للأمة، ومن مصلحة الأمة كما رآها عمر رضي الله عنه أن تبقى الأرض في سواد العراق وغيرها بيد الجماعة ومنع تمليكها للأفراد كي تظل مصدر رزق للناس، وكي تقتات منها الخلائق في مستقبل أيامها.
- بنى عمر رضي الله عنه رأيه على ثلاثة أمور مصلحية:[2]

---

[1] انظر: الخراج لأبي يوسف ص 25 – 29.
وانظر أيضاً: - الخراج يحيى بن آدم ص 48.
- الأموال لأبي عبيد ص 14 – 15.
- فتوح البلدان للبلاذري ص 225.

[2] التكامل الاجتماعي في الإسلام محمد أبو زهرة ص 30.

أولها: منع الملكية الكبيرة إذ أن أراض تعد بألوف الألوف من الأفدنة ستقسم على عشرات الألوف من الناس، وبذلك يكون احتكار للأراضي الزراعية.

ثانيها: أن خراج هذه الأرضي إذا منعت قسمتها يكون لصالح الدولة والجهاد في سبيل الله.

ثالثها: أنه لو قسمت ما كان مال ينفق منه على الضعفاء من اليتامى والأرامل والمساكين.

وفي تعقيب جميل لأبي يوسف حول قرار عمر رضي الله عنه بشأن سواد العراق ما نصه: "والذي رأى عمر رضي الله عنه من الامتناع من قسمة الأرضين بين من أفتتحها عندما عرفه الله ما كان في كتابه من بيان ذلك توفيقاً من الله كان له فيما صنع، وفيه كانت الخيرة لجميع المسلمين، وفيما رآه من جمع خراج ذلك وقسمته بين المسلمين عموم النفع لجماعتهم، لأن هذا لو لم يكن موقوفاً على الناس في الأعطيات والأرزاق لم تشحن الثغور، ولم تقو الجيوش على السير في الجهاد، ولمّا أمن رجوع أهل الكفر إلى مدنهم إذا خلت من المقاتلة والمرتزقة والله أعلم بالخير حيث كان"[1].

ثانياً: محاسبة المسؤولين عن المال العام:

لابد من رقابة المسؤولين عن المال العام ومحاسبتهم – من قبل أهل الحل والعقد – وأن لا يتركوا للنوايا الطيبة، بل يجب أن يحاطوا بضمانات فعّالة، تكفل كشف الأخطاء فور وقوعها، وتصحيح الانحرافات غداة اكتشافها قبل أن تستشري[2].

---

[1] الخراج لأبي يوسف ص29.
[2] انظر: عمر بن الخطاب وأصول السياسة والإدارة الحديثة للدكتور سليمان الطماوي ص115 – 116.

كان لعمر بن عبد العزيز رضي الله عنه مجلسٌ للشورى يضم عشرة فقهاء[1] لا يقطع أمراً بدونهم، كما حدد اختصاصهم فقال لهم: "إنّي إنما دعوتكم لأمر تؤجرون عليه وتكونون فيه أعواناً على الحق، وما أريد أن أقطع أمراً إلا برأيكم أو برأي من حضر منكم، فإن رأيتم أحداً يتعدى أو بلغكم عن عامل لي ظلامة، فأناشدكم بالله عليّ من بلغه ذلك إلا بلغني، فخرجوا يجزونه خيراً"[2].

ثالثاً: حق إظهار عدم الرضا عن المعاونين أو الولاة:

لأهل الحل والعقد الحق في إظهار عدم الرضا عن المعاونين أو الولاة ودليل ذلك أن الرسول صلى الله عليه وسلم عزل العلاء بن الحضرمي عامله على البحرين لأن وفد عبد قيس شكاه[3].

الفرع الثاني: الرقابة التنفيذية على المال العام في الاقتصاد الإسلامي:

وهي الرقابة التي تمارسها - كما ذكرنا - السلطات التنفيذية المتمثلة بالأجهزة والدواوين[4] بالإضافة إلى أنها إحدى الواجبات الرئيسية لولي الأمر.

وهي تهدف إلى التحقق من مدى مشروعية جمع المال العام وإنفاقه، ومطابقتها للأحكام الشرعية، وإلغاء ما يكون مخالفاً، وتعمل أيضاً على حماية حقوق الأفراد من تعسف ولاة الأمور وحماية أموال الدولة من الضياع والإسراف[5].

ولها أساليب وطرق مختلفة، تختلف باختلاف العصر والمكان، تبعاً لتقدم النظم الرقابية من ناحية، وما عليه الناس من أخلاق من ناحية أخرى.

---

[1] وهم: عروة بن الزبير، عبيد الله بن عتبة، أبو بكر عبد الرحمن الحارث بن هشام، أبو بكر سليمان بن أبي خيثمة، سليمان بن يسار، القاسم بن محمد، سالم بن عبد الله بن عمر، عبد الله بن عامر بن ربيعة، خارجة بن زيد.

[2] التاريخ للطبري جـ 1 ص427.

[3] الإدارة الإسلامية في عز العرب محمد كردعلي ص12.

[4] يراجع تفصيل الأجهزة والدواوين ص108 وما بعدها من هذا المبحث.

[5] مراقبة الموازنة العامة في ضوء الإسلام للدكتور عبده الساهي ص99.

ففي عهد الرسول صلى الله عليه وسلم كانت الرقابة التنفيذية في غاية البساطة، تتناسب مع الظروف وتلك الفترة، أما في عهد عمر بن الخطاب رضي الله عنه ونتيجة لتغيرات استجدت في عهده، استحدثت أساليب جديدة من شأنها أن تحافظ على المال العام جباية وحفظاً وإنفاقاً.

ومن الأساليب التنفيذية التي اتبعت في عهد الرسول صلى الله عليه وسلم وعهد الخلفاء الراشدين[1]:

أولاً: كشف العمال: وهي إرسال مفتش يكشف حال العمال والولاة ويتبين سيرتهم بالمال العام، ومدى إتباعهم لأوامر الخلفاء، وقد جعل موسم الحج موسماً عاماً للمراجعة والمحاسبة.

ثانياً: سؤال الوافدين: كان عليه الصلاة والسلام يستمع إلى أخبار الولاة من الوفود التي تصل المدينة ويتحقق فيما ينقل إليه من أخبار، وهكذا بقية الخلفاء الراشدين، ومثاله استماعه لوفد عبد القيس وعزله للعلاء بن الخضرمي[2].

ثالثاً: المحاسبة القائمة على مبدأ من أين لك هذا؟: وهي أن يقدم العامل تقريراً عن عملهم الذي لتولاه، يبين فيه المال الذي جباه وجهات إنفاقه وقصة ابن اللتيبة[3] شاهد واضح على ذلك.

كما قام عمر بن الخطاب رضي الله عنه بإحصاء ثروة عماله قبل أن يوليهم - وهو أول تطبيق عملي لكتابة إقرارات الذمة المالية التي يقدمها الموظفون، عند تولي

---

[1] انظر: - المنظور الإسلامي والوضعي للرقابة على الإدارة العامة للدكتور نعيم نصير ص158 وما بعدها.
- الرقابة الإدارية في الإسلام د. علي حسنين ص164 وما بعدها.
- النفقات العامة في الإسلام د. يوسف إبراهيم يوسف ص308 وما بعدها.
- الرقابة المالية في الإسلام د. عوف الكفراوي ص125 وما بعدها.

[2] انظر: الإدارة الإسلامية في عز العرب محمد كردعلي ص12.

[3] يراجع ص11 من هذا البحث.

الوظيفة وعلى فترات محددة من توليها - وكان يصادر الأموال التي تأتي نتيجة استغلال النفوذ والجاه.

رابعاً: استحداث وظيفة "المحاسب العام": وهو الشخص الموكل بالتحقيق بالتظلمات وينفذ أمر الخلفاء والولاة، إما بمصادرة الأموال أو مقاسمتها.

يروي أبو يوسف في كتابه الخراج: "كان عمر رضي الله عنه إذا استعمل رجلاً أشهد عليه رهطاً من الأنصار وغيرهم واشترط عليه خمساً ألا يركب برذوناً - الفرس الأعجمي - ولا يلبس ثوباً رقيقاً، ولا يأكل نقياً - ما نخل مرة بعد أخرى - ولا يغلق باباً دون حوائج الناس، ولا يتخذ حاجباً.

فبينما هو يمشي في بعض طرق المدينة إذ هتف به رجل: يا عمر أترى هذه الشروط تنجيك من الله تعالى وعاملك عياض بن غنم على مصر قد لبس الرقيق واتخذا الحاجب. فدعا محمد بن مسلمة، وكان رسوله إلى العمال فبعثه وقال: ائتني به على الحال التي تجده عليها. قال: فآتاه فوجد على بابه حاجباً، فدخل فإذا به عليه قميص رقيق. قال أجب أمير المؤمنين فقال: دعني أطرح عليَّ قبائي. فقال: لا، إلاّ على حالك هذه، قال: فقدم به عليه، فلما رآه عمر قال: انزع قميصك ودعا بمدرعة صوف وبربضة من غنم وعصا فقال: البس هذه المدرعة وخذ هذه العصا وارع هذه الغنم واشرب واسق من مرّ بك واحفظ الفضل علينا. أسمعت؟ قال: نعم، والموت خير من هذا، فجعل يرددها عليه ويردد الموت خير من هذا. فقال عمر: ولم تكره هذا وإنما سمي أبوك غنماً لأنه كان يرعى الغنم، أترى يكون عندك خير؟ قال:نعم يا أمير المؤمنين. قال: انزع ورده إلى عمله. قال: فلم يكن له عامل يشبهه"[1] .

---

[1] الخراج لأبي يوسف ص11.

الفصل الثالث

أجهزة الرقابة المالية في النظام الاقتصادي الإسلامي

- **المبحث الأول: دور الخليفة والوزير في الرقابة المالية في الاقتصاد الإسلامي**
  - المطلب الأول: دور الخليفة في الرقابة المالية.
  - المطلب الثاني: دور الوزير في الرقابة المالية.

- **المبحث الثاني: دور الدواوين في الرقابة المالية في الاقتصاد الإسلامي**
  - المطلب الأول: مفهوم الديوان وأهميته.
  - المطلب الثاني: نشأة الدواوين المتخصصة في الرقابة المالية.
  - المطلب الثالث: أهم الدواوين المتخصصة في الرقابة المالية.

- **المبحث الثالث: بيت المال ودوره في الرقابة المالية.**
  - المطلب الأول: مفهوم بيت المال وأهميته ونشأته.
  - المطلب الثاني: دور بيت المال في الرقابة المالية.

- **المبحث الرابع: نظام الحسبة ودورها في الرقابة المالية**
  - المطلب الأول: تعريف الحسبة ومشروعيتها ونشأتها.
  - المطلب الثاني: اختصاصات الحسبة ودورها في الرقابة المالية.

- **المبحث الخامس: ولاية المظالم ودورها في الرقابة المالية**
  - المطلب الأول: تعريف ولاية المظالم وأهميتها ونشأتها.
  - المطلب الثاني: دور ولاية المظالم في الرقابة المالية.

المبحث الأول

دور الخليفة والوزير في الرقابة المالية

في النظام الاقتصادي الإسلامي

- المطلب الأول: دور الخليفة في الرقابة المالية.
- المطلب الثاني: دور الوزير في الرقابة المالية.

الفصل الثالث

أجهزة الرقابة المالية في النظام الاقتصادي الإسلامي

لم يكتف النظام الاقتصادي الإسلامي بالرقابة الذاتية والرقابة الرئاسية على المال العام - خاصة مع استشراء ضعف الوازع الديني بين الأفراد - بصفة عامة - بسبب تقادم العهد بالإسلام، ولطبيعة الاتساع المكاني والبشري للدولة الإسلامية، وتضخم جهازها الإداري والمالي، وزيادة وارداتها ومصروفاتها. للأسباب تلك وغيرها ظهرت الحاجة إلى إنشاء أجهزة مؤسسية للاضطلاع بمهام الرقابة على المال العام، لضبط إيرادات الدولة ومصروفاتها.

ويمكن الإشارة هنا إلى بعض الأجهزة والدواوين من حيث اختصاصها بالرقابة المالية في النظام الاقتصادي الإسلامي - التي هي مجال بحثنا في هذا الفصل -وذلك في خمسة مباحث يأتي تفصيلها:

المبحث الأول: دور الخليفة والوزير في الرقابة المالية في النظام الاقتصادي الإسلامي:

كان للخليفة والوزير دور فعّال في المحافظة على المال العام إيراداً وإنفاقاً، بل اعتبروها من صميم اختصاصاتهم، لاسيما أن المال العام هو عصب الحياة وقوامها، وإهمال الرقابة المالية يؤدي إلى انحلال الدولة وانهيارها[1].

---

[1] كان سبب انهيار دولة بني أمية وزوالها إخلال القائمين عليها بواجبهم في ممارسة الرقابة، وتهاونهم في الإشراف على شؤون الدولة، فقد قيل لبعض بني أمية: "ما كان سبب زوال ملككم؟ فقال: قلة التيقظ، وشغلنا بلذاتنا عن لتفرغ لمهماتنا، ووثقنا بكفاءتنا، فآثروا مرافقهم علينا، وظلم عمالنا رعيتنا، ففسدت نياتهم لنا، وحمل على أهل خراجنا، فقلّ دخلنا وبطل عطاء جندنا، فزالت طاعتهم لنا، واستدعاهم أعداؤنا علينا وقصدنا بغاتنا، فعجزنا عن دفعهم لقلة أنصارنا، وكان أول زوال ملكنا استتار الأخبار عنا فزال ملكنا عنا بنا".

ونتناول فيما يلي دورهما في الرقابة المالية في مطلبين هما:

المطلب الأول: الخليفة ودوره في الرقابة المالية:

من الواجبات الملقاة على عاتق الخليفة[1] - (رئيس الدولة) في الإسلام - إدارة شؤون الدولة على خير وجه لتحقيق الصالح العام، وهذا لا يتأتى إلا من خلال إشرافه ورقابته على أمور الدولة بنفسه، وبالأخص الأمور المالية، حيث يرى النظام الاقتصادي الإسلامي أن رقابة ولي الأمر على المال العام من أهم واجبات الخليفة.

وفي هذا الصدد يقول الماوردي مشيراً إلى وجوب الرقابة - بشكل عام - على الخليفة: ""وهذا إن كان مستحقاً عليه بحكم الدين ومنصب الخلافة، فهو من حقوق السياسة لكل مسترع، فقد قال النبي صلى الله عليه وسلم: (ألا كلكم راعٍ وكلكم مسؤول عن رعيته)[2] " فعلى الإمام أن يكون لسيرة الولاة متصفحاً، وعن أحوالهم مستكشفاً، ليقويهم إن أنصفوا، ويكفهم إن عسفوا ويستبدل بهم إن لم ينصفوا""[3]

.

ويقول الإمام ابن تيمية: "ليس لولاة الأموال أن يقسموها بحسب أهوائهم، كما يقسم المالك ملكه، فإنما هم أمناء ونواب ووكلاء، ليسوا ملاكاً" كما قال الرسول صلى الله عليه وسلم: (ما أعطيكم ولا أمنعكم إنما أنا قاسم أضع حيث أمرت)[4] .

ويعلق ابن تيمية على الحديث بقوله: "فهذا رسول رب العالمين، قد أخبر أنه ليس المنع والعطاء بإرادته واختياره، كما يفعل ذلك الملاك الذي أبيح له التصرف في ماله، وكما يفعل ذلك الملوك الذين يعطون من أحبوا، وإنما هو عبد الله يقسم المال بأمره، فيضعه حيث أمر الله تعالى"[5] .

---

[1] يعرف الماوردي الخلافة فيقول: "الإمامة موضوعة لخلافة النبوة في حراسة الدين وسياسة الدنيا". انظر: الأحكام السلطانية للماوردي ص 3.

[2] صحيح مسلم بشرح الإمام النووي كتاب الإمارة باب فضيلة الأمير العاد جـ 12 ص 213.

وانظر: صحيح البخاري كتاب الاستقراض رقم الحديث 2409 الفتح جـ 5 ص 69.

[3] الأحكام السلطانية للماوردي ص 16.

[4] صحيح البخاري باب فرض الخمس رقم الحديث 2885.

[5] المرجع نفسه ص 29.

وسائل الخليفة في الرقابة المالية:

ذكر الماوردي واجبات الخليفة، ومن هذه الواجبات التي تتعلق بالرقابة المالية ما يلي:[1]

1. رد المظالم وذلك بتنفيذ الأحكام بين المتشاجرين، وقطع الخصام بين المتنازعين، حتى تقوم النصفة فلا يتعدى ظالم، ولا يضعف مظلوم.

2. جباية الفيء والصدقات على ما أوجبه الشرع نصاً واجتهاداً من غير خوف ولا عسف.

3. تقدير العطايا، وما يستحق في بيت المال من غير سرف ولا تقتير، ودفعه في وقته لا تقديم فيه ولا تأخير.

4. استكفاء الأمناء وتقليد النصحاء، فيما يفوض إليهم من الأعمال، ويكله إليهم من الأموال، لتكون الأعمال بالكفاءة مضبوطة والأموال بالأمناء محفوظة.

5. أن يباشر بنفسه مشارفة الأمور، وتصفح الأحوال، لينهض بسياسة الأمة وحراسة الملة، ولا يعول على التفويض تشاغلاً بلذة أو عبادة، فقد يخون الأمين ويغش الناصح.

أما عن أساليب الخلفاء في الرقابة المالية، لم تقتصر على أسلوب واحد بل تعددت الأساليب وكان أهمها:

- وضع الرجل المناسب في المكان المناسب.

- إصدار التعليمات والأوامر للولاة والعمال.

- متابعة العمال والولاة في مقر أعمالهم.

---

[1] انظر: - الأحكام السلطانية للماوردي ص 15 – 16.
- الأحكام السلطانية لأبي يعلى الفراء ص 27 – 28.

- رسل تقصي الحقائق.
- المؤتمرات العامة للولاة والرعية.

المطلب الثاني: الوزيرة ودوره في الرقابة المالية:

الفرع الأول: مفهوم الوزارة[1] ونشأتها:

ورد ذكر مصطلح الوزير في القرآن الكريم عند الإشارة لمخاطبة موسى لربه قائلاً:(وَاجْعَلْ لِي وَزِيرًا مِنْ أَهْلِي ( ) 29 هَارُونَ أَخِي (30) اشْدُدْ بِهِ أَزْرِي (31) وَأَشْرِكْهُ فِي أَمْرِي) [2].

وورد أيضاً في قوله تعالى: (وَجَعَلْنَا مَعَهُ أَخَاهُ هَارُونَ وَزِيرًا)[3].

كما ورد ذكر الوزير في بعض الأحاديث الشريفة، يروى عن عائشة رضي الله عنها أن النبي صلى الله عليه وسلم قال: (إذا أراد الله بالأمير خيراً جعل له وزير صدق، إن ذكر أعانه، وإن نسي ذكره، وإذا أراد به غير ذلك، جعل له وزير سوء، إن نسي لم يذكره، وإن ذكر لم يعنه) [4].

وبهذا فإن منصب الوزير كان موجوداً منذ صدر الإسلام، وإن لم يكن له مظاهره وأبهته، وذلك لبساطة الناس في ذلك الوقت، ولما انتقلت الخلافة إلى بني أمية احتاج الخلفاء إلى من يستشيرونهم ويستعينون بهم، فاختاروا بعض ذوي الرأي وقربوهم، ولقب بعضهم بلقب الوزير.

---

[1] اسم الوزارة مختلف في اشتقاقه على ثلاثة أوجه:
أحدهما: أنه مأخوذ من الوِزر وهو الثقل لأنه يحمل عن الملك أثقاله.
الثاني: أنه مأخوذ من الوَزَرَ وهو الملجأ ومنه قوله تعالى: (كلا لا وزر) (القيامة آية 11)، فسمي بذلك لأن الملك يلجأ إلى رأيه ومعونته.
الثالث: أنه مأخوذ من الأزِر وهو الظهر، لأن الملك يقوى بوزيره كقوة البدن بالظهر.
انظر: الأحكام السلطانية للماوردي ص24.

[2] سورة طه آية 29 – 32.

[3] سورة الفرقان آية 35.

[4] الترغيب والترهيب للمنذري جـ3 ص219، وانظر أيضاً: السنن لأبي داود جـ2 ص118.

غير أن الوزارة لم تتمهد قواعدها، وتتقرر قوانينهما إلا في عهد الدولة العباسية، حيث استقر منصب الوزير، وأصبح من المناصب الهامة، فهو واسطة بين الخليفة والرعية، وعليه تنفيذ رغبات الخليفة وأوامره، وإسداء النصح والإرشاد له، وينظر في المظالم والخراج والعطاء، وغير ذلك [1] .

في ضوء ما سبق وضع ابن العربي تعريفاً للوزير بقوله: "هو عبارة عن رجل موثوق به في دينه وعقله يشاوره الخليفة فيما يَعِنّ له من الأمور"[2] .

الفرع الثاني: اختصاصات الوزير ودوره في الرقابة المالية:

عرفت الدولة الإسلامية نوعين من الوزارة هما: [3]

- وزارة التفويض: وهي أن يستوزر الإمام من يفوض إليه تدبير الأمور برأيه وإمضاؤه على اجتهاده.

- وزارة التنفيذ: وهي تنفيذ ما يوكل إليه الخليفة من أمور، كنقل أخباره الولاة والرعية للخليفة، كما ينقل تعليمات الخليفة وأوامره إلى الولاة والعمال وسائر الرعية.

ويلاحظ أن اختصاصات وزارة التفويض متعددة وواسعة، بينما وزارة التنفيذ تقتصر على تنفيذ ما يوكل إليه الخليفة من أمور.

ولهذا فإن اختصاصات - وزارة التفويض - فيما يتعلق بالرقابة المالية هي نفسها اختصاصات الخليفة - التي سبق ذكرها - [4]، لأن الخليفة عند اختياره لوزير

---

[1] النظام السياسي للدكتور محمد أبو فارس ص 321 وما بعدها.

[2] انظر: التراتيب الإدارية للكتاني جـ 1 ص 17.

[3] انظر: الأحكام السلطانية لأبي يعلى الفراء ص 31.

- الأحكام السلطانية للماوردي ص 24.

[4] انظر: ص 110 وما بعدها من هذا البحث.

التفويض، فإنهي فوضه في كافة أمور الرعية ويصبح مختصاً بما يختص به الخليفة.

فحين اتخاذ هارون الرشيد يحيى بن خالد البرمكي وزيراً، قال له: "قلدتك أمر الرعية، وأخرجتـه مـن عنقي إليك، فاحكم في ذلك بما ترى من الصواب، واستعمل من رأيت، واعزل من رأيت، وامض الأمـور عـلى ما ترى، ودفع إليه خاتمه الخاص ثم سـلمه خـاتم الخلافـة حتـى صـار بيـده الحـل والعقـد في كـل شـؤون الدولة[1].

فالقاعدة هي أن كل ما يصح من الخليفة يصح من الوزير ولا يستثنى من ذلك إلا ثلاثة أشياء هـي:

[2]

أحدهما: أن للخليفة أن يعهد إلى من يرى بولاية العهد، وليس ذلك للوزير.

الثاني: أن الخليفة يتصفح أعمال الوزير وتدبيره ليقرّ منها ما وافق الصواب ويستدرك ما خالفه، وليس ذلك للوزير، ويلحق في ذلك للخليفة أن يعزل مـن قلـده الـوزير، ولـيس للـوزير أن يعـزل مـن قلـده الخليفة.

الثالث: للخليفة أن يطلب من الأمة إعفاءه من منصبه، أما الوزير فلا يستعفي الأمة، وإنما يطلـب الإعفـاء من الخليفة.

---

[1] انظر: تاريخ الإسلام للدكتور حسن إبراهيم جـ 2 ص 212.
[2] انظر: - الأحكام السلطانية للماوردي ص 25.
- الأحكام السلطانية لأبي يعلى الفراء ص 30.

المبحث الثاني

رقابة الدواوين على المال العام في النظام الاقتصادي الإسلامي

- المطلب الأول: مفهوم الديوان وأهميته.

- المطلب الثاني: نشأة الدواوين المتخصصة في الرقابة المالية.

- المطلب الثالث: أهم الدواوين المتخصصة في الرقابة المالية.

المبحث الثاني

رقابة الدواوين على المال العام في النظام الاقتصادي الإسلامي

نتناول في هذا البحث تعريف الديوان وأهميته ونشأته وتطوره، مفصّلين القول في أهم الدواوين المتعلقة في ضمن اختصاصاتها بالرقابة المالية.

المطلب الأول: مفهوم الديوان[1] وأهميته:

وردت تعريفات متعددة للديوان نذكر منها:

يقول الماوردي: "الديوان موضع لحفظ ما يتعلق بحقوق السلطنة - الدولة - من الأعمال والأموال ومن يقوم من الجيوش والعمال" [2].

وذكر الكتاني أن الديوان: "دفتر يكتب فيه أسماء أهل العطاء والعساكر على القبائل والبطون"[3].

---

[1] اختلف المؤرخون في اشتقاق كلمة الديوان. ذكر الماوردي في الأحكام السلطانية ص 175، وجهين لتسمية الديوان:
أولهما: أن كسرى اطلع ذات يوم على كُتاب ديوانه فرآهم يحسبون مع أنفسهم فقال (ديوانه) أي مجانين فسمي موضعهم بهذا الاسم ثم حذفت الهاء لكثرة الاستعمال تخفيفاً للاسم فقيل ديوان.
ثانيها: أن الديوان بالفارسية اسم للشياطين فسمي الكتاب باسمهم لحذقهم بالأمور ووقوفهم على الجلي والخفي وجمعهم لا شذ وتفرق واطلاعهم على ما قرب بوعد، ثم سمي مكان جلوسهم باسمهم فقيل ديوان.

[2] الأحكام السلطانية للماوردي ص 175.

[3] التراتيب الإدارية للكتاني ص 225.

ويقول ابن خلدون تحت عنوان ديوان الأعمال والجبايات: "اعلم أن هذه الوظيفة من الوظائف الضرورية للمُلك، وهي القيام على أعمال الجبايات وحفظ حقوق الدولة في الدخل والخرج وإحصاء العساكر بأسمائهم وتقدير أرزاقهم وصرف أعطياتهم من ابّاناتها - مواعيدها - والرجوع في ذلك إلى القوانين التي يرتبها قومة (القائمون على) تلك الأعمال، وقَهارَمة (خبراء) الدولة، وهي كلها مسطورة في كتاب شاهد بتفاصيل ذلك في الدخل والخراج مبني على جزء كبير من الحسابات، لا يقوم به إلا المهرة من أهل تلك الأعمال، ويسمى ذلك الكتاب بالديوان، وكذلك مكان جلوس العمال المباشرين لها"[1].

وخلاصة القول: أن الهدف الأساسي للديوان هو هدف رقابي لموارد الدولة ونفقاتها من التعسف وحماية المال من الهدر والضياع، بالإضافة إلى التحقق من مدى مشروعية الأعمال، ومطابقتها لأحكام الشريعة الإسلامية وإبطال ما كان مخالفاً لها.

ولأهمية الدواوين ومكانتها وضعت شروط في صاحب الديوان، فيقول الماوردي: "وأما كتبة الديوان - رئيسه - وهو صاحب ذمامة، فالمعتبر في صحة ولايته شرطان العدالة والكفاية: أما العدالة فلأنه مؤتمن على حق بيت المال والرعية، فاقتضى أن يكون في العدالة والأمانة على صفات المؤتمنين: وأما الكفاية فأنه مباشر لعمل يقتضي أن يكون في القيام مستقلاً بكفاية المباشرين".[2].

المطلب الثاني: نشأة الدواوين المتخصصة في الرقابة المالية:

إن البدايات العرضية الأولى لنشأة هذه الدواوين إنما ترجع إلى تاريخ نشأة الدولة الإسلامية الأولى، خاصة أنه من الثابت أن حكام الدولة الإسلامية منذ نشأتها الأولى كانوا يبعثون العيون حول الولاة والعمال، لمتابعة أحوالهم وسؤال الرعية عن سيرتهم[3].

---

(1) المقدمة لابن خلدون ص 243.

(2) الأحكام السلطانية للماوردي ص 189.

(3) انظر: الرقابة الإدارية في النظام الإداري الإسلامي د. محمد طاهر ص 308.

إلا أن كثراً ممن كتب عن نشأة الدواوين أرجعها إلى عمر بن الخطاب رضي الله عنه ويمكن اعتبار هذا صحيحاً من جهة عدم وجود ديوان جامع، يقول ابن تيمية: "ولم يكن للأموال المقبوضة والمقسومة ديوان جامع على عهد رسول الله صلى الله عليه وسلم وأبي بكر الصديق رضي الله عنه، بل كان يقسم المال شيئاً فشيئاً، فلما كان في زمن عمر بن الخطاب رضي الله عنه كثر المال... فجعل ديوان العطاء..." [1].

لذا فإن ما كان يرد إلى الرسول صلى الله عليه وسلم من موارد مالية كان يصرف فيحينه، ولم تدع الحجة إلى حفظ المال في ديوان خاص، وكذلك الحال في عهد أبي بكر الصديق رضي الله عنه لم يكن هناك مال مدخر وكل ما يرد يوجهه في مصارفه، أما في خلافة عمر بن الخطاب رضي الله عنه فإن الدولة الإسلامية قد اتسعت ودخل في الإسلام أفراد وجماعات جديدة زادات موارد الدولة وكثرت نفقاتها ونشأة قاعدة المفاضلة بين الناس في الأعطيات وفقاً لمعايير دينية معينة، فكان من الضروري أن يضع من الأسس والقواعد التي تكفل أحكام الرقابة على المال العام[2].

سبب نشأة الدواوين في عهد عمر بن الخطاب رضي الله عنه:

تعددت الروايات في سبب نشأة الدواوين في عهد عمر بن الخطاب رضي الله عنه، إلا أنها مجتمعة على أن الغاية من الديوان هو ضبط إيرادات الدولة ومصروفاتها، ومن هذه الروايات:

- يذكر المؤرخون أن السبب المباشر هو أن أبا هريرة قدم على عمر رضي الله عنه من البحرين بمال كثير فسأله عمر رضي الله عنه بم جئت؟ قال: جئت بخمسمائة ألف. قال له أتدري ما تقول؟ أنت ناعس. اذهب فبت حتى تصبح فلما جاء في الغد قال

---

[1] السياسة الشرعية لابن تيمية ص 41.
[2] انظر: تنظيم الدواوين المالية وإدارتها في صدر الدولة الإسلامية للدكتور مصطفى أمين ص4.

له: كم هو؟ قال خمسمائة ألف درهم. قال: أمن طيب هو؟ قال: لا أعلم إلا ذاك، فقال عمر: أيها الناس إنه قد جاءنا مال كثير فإن شئتم كلنا لكم كيلا، وإن شئتم عـددنا لكم عدا. فقال رجل من القوم: يا أمير المؤمنين دوّن للناس دواوين يعطون عليها"[1].

- وقال الماوردي بأن سببه: "أن عمر بعث بعثاً وكان عنده الهرمزان فقال لعمر رضي الله عنه: هذا بعث قد أعطيت أهله الأموال فإن تخلف منهم رجل وآجل بمكانـه، فمـن أيـن يعلـم صـاحبك بـه فأثبت لهم ديواناً، فسأله عن الديوان حتى فسره لهم"[2].

- وقيل أن عمر بن الخطاب رضي الله عنه استشار المسلمين في تدوين الدواوين، فأشار إليه خالد بـن الوليد بأن يتخذ ديواناً حيث قال: "قد كنت بالشام فرأيت ملوكهم قد دونوا ديواناً وجندوا جنـوداً، فدوّن ديواناً وجند جنوداً فأخذ بقوله"[3].

المطلب الثالث: أهم الدواوين التي تختص بالرقابة المالية:

تباينت هذه الدواوين في أزمان نشأتها، وفي حجم ونطاق عملها وعدد العمال والأعوان الـذين كـانوا يعملون فيها على الرغم مـن تماثلها في أسـاليب العمل وفي طرق التنفيـذ كـاعتماد المجـالس والسـجلات والوثائق في التدوين والمراسلة والضبط والمحاسبة.

كما اتسم بعضها بالاستمرارية والدوام بينما كان بعضها الآخر مؤقتا أو سرعان ما يدمج أو يضم مـع غيره من الدواوين، بل إن بعضا منها كان ينشطر أو يتفرغ من الـدواوين الرئيسية حين تتسع مهامـه أو تتعاظم وظائفه [4].

---

[1] الأحكام السلطانية للماوردي ص175، وانظر الخراج لأبي يوسف ص45.
[2] الأحكام السلطانية للماوردي ص175.
[3] الأحكام السلطانية للماوردي ص176.
[4] انظر: الإدارة العربية الإسلامية للدكتور عامر الكبيسي ص219.

والملاحظ أن الدواوين عموماً كان يلحقها التغيير والتبديل من عصر إلى آخر وتتداخل ثم تنفصل عن بعضها، ولذلك فإن المنهج العلمي في دراسة الدواوين في الدولة الإسلامية - وخاصة الدواوين المختصة بالرقابة المالية - أن يحدد دائماً تاريخ نشأتها، والفترة التي كانت تباشر فيها اختصاصاتها، حتى لا يصاب الدارس بالحيرة، ويتملكه الإحساس الكاذب الذي عبر عنه "ميتز" من أن: "الإدارة في الدولة الإسلامية لم تصل إلى تعيين الحدود الفاصلة بين الدواوين بدقة"[1].

ولوجز هنا أهم الدواوين المختصة بالرقابة المالية:

أولاً: ديوان الزّمام أو الأزمّة:

وهو الديوان الذي يقوم بتنظيم جباية الأموال وضبط حساباتهم وتسجيل ما ينفق منها، ثم الموازنة بين الواردات والنفقات[2].

وقد أنشئ هذا الديوان عام 162 هـ في عهد المهدي وولى عليه عمر بن بزيغ مولاه.

واسم هذا الديوان الحقيقي ديوان زمام الأزمة، وله فروع على الدواوين ذلك أن عمر بن بزيغ لما اجتمعت له الدواوين تفكر فإذا هو لا يضبطها إلا بزمام يكون له على كل ديوان، فاتخاذ دواوين الأزمة، وولى على كل ديوان رجلاً... فكان ديوان الزمام الدواوين الأعلى المشرف على الدواوين الفرعية، ويمكن تشبيهه بديوان المحاسبة في زمننا.[3].

---

(1) الحضارة الإسلامية ميتز جـ 1 ص248.

(2) انظر: النظم الإسلامية للدكتور صبحي صالح ص316.

- الخراج والنظم المالية للدولة الإسلامية د. محمد الريس ص397.
- الرقابة على أعمال الإدارة للدكتور سعيد الحليم ص360.

(3) الخراج والنظم المالية للدولة الإسلامية د. محمد الريس ص411 انظر: دراسة تقييمية لديوان المحاسبة الأردني في ضوء النظام الاقتصادي الإسلامي في آخر الفصل الثالث.

وعلى ذلك فإن عمل ديوان الأزمة هو الإشراف والمراقبة على أعمال الدواوين ذات العلاقة بالأمور المالية من واردات ونفقات، وهذه الأمور تتعلق بالخراج والضياع العامة والخاصة والنفقات العامة وعطاء الجند وأرزاقه، حيث كانت ترفع إليه الحسابات لتدقيقها على الأصول المالية في الدولة ولذلك يشبه عمله عمل ديوان المحاسبة المركزي في الدول المعاصرة[1].

ومن تطبيقات هذا الديوان نذكر ما يلي:

كان أحمد بن المعلي الكاتب يتولى للوزير أبي الحسن بن عيسى- زمام الفرات، فقال له في بعض الأيام: يا أبا الحسن فقد نقص الليل ثلاث ساعات هي ربعه فانقص الفراشين من الزيت والشمع ربع الإقامة، فقال له: هذا - أعز الله الوزير - استقصاء ما عرفوه، واستيفاء ما عهده. فقال: أليس إذا احتاجوا إلى زيادة طلبوها أو زيدوا؟ قال: بلى، قال: كذلك إذا وقع نقصان فليوفروه.[2]

ثانياً: ديوان البريد والأخبار:

عرفت الدولة الإسلامية نظام البريد[3] منذ نشأتها الأولى، ولا أدل على ذلك الرسائل التي كان يتبادلها الرسول صلى الله عليه وسلم مع الملوك ورؤساء القبائل، هذا فضلاً عن الوقائع المتعددة التي تكشف عن اهتمام الخلفاء الراشدين بالبريد وتنظيمه، أما عن

---

(1) انظر: المنظور الإسلامي والوضعي للرقابة على أعمال الإدارة د. نعيم نصير ص162.

(2) الرقابة على أعمال الإدارة د. سعيد الحكيم ص361.

(3) البريد أني جعل خيل مضمرات في عدة أماكن، فإذا وصل صاحب الخبر إلى مكان منها وقد تعب فرسه ركب غيره فرساً مستريحاً، وكذلك يفعل في المكان الآخر وما بعده، حتى يصل بسرعة.
أما معناه اللغوي: فالبريد هو اثنا عشر ميلاً، ويظهر أن هذا قدر المسافة بين مكان وآخر.
انظر: - الخراج والنظم المالية في الدولة الإسلامية للدكتور محمد الريس ص193.
- تاريخ الإسلام للدكتور حسن إبراهيم ص374.

القول[1] الذي يرى أن نشأة ديوان البريد ترجع إلى عهد معاوية بن أبي سفيان يعوزه كثير من الدقة، وربما عزا أصحاب هذا القول، على اعتبار أن معاوية هو الذي نظم ديوان البريد على صورة أوسع نطاقاً وأكثر وضوحاً، تكفل وصول الأخبار بسرعة فأقام الخيول على الطريق لنقل البريد ورتب له الميل والمحطات مستعيناً في ذلك بما اقتبسه من قوانين الفرس والرومان معاً[2].

دور ديوان البريد في الرقابة المالية:

الناظر في اختصاصات ديوان البريد سيجد أنه جهاز رقابي متعدد الأعمال، إلا أننا سنركز الحديث فيما يخص الرقابة المالية من أعماله.

ومن أهم واجبات صاحب البريد التي كان الخلفاء يذكرونها في عهد التولية إذ عليه أن: "يعرف حال عمال الخراج والضياع فيما يجري عليه أمرهم، ويتتبع ذلك شافياً ويستشفه استشفافاً وينهيه على حقه، وأن يعرف حال عمارة البلاد وما هي عليه من الكمال والاختلال، وما يجري في أمور الرعية فيما يعاملون به من الإنصاف والجور والرقة والعسف، فيكتب به مشروحاً، وأن يعرف حال دار الضرب وما يضرب فيها من العين والورق، وما يلزمه الموردون من الكلف والمؤن، ويكتب بذلك على حقه وصدقه، وأن يوكل بمجلس عرض الأولياء وأعطياتهم من يراعيه ويطالع ما يجري فيه ويكتب بما تقف عليه الحال من وقته، وأن يكون ما ينهيه من الأخبار شيئاً يثق بصحته... وأن يفرد لكل ما يكتب فيه من أصناف الأخبار كتباً بأعيانها، فيفرد

---

[1] انظر: - مآثر الأناقة في معالم الخلافة للقلقشندي جـ 1 ص111.
- تاريخ الإسلام للدكتور حسن إبراهيم جـ 1 ص459.
- الإدارة الإسلامية في عز العرب محمد كردعلي ص78.
- الخراج والنظم المالية للدولة الإسلامية للريس ص192 – 193.

[2] انظر: - الرقابة على أعمال الإدارة د. سعيد الحكيم ص351.
- الرقابة الإدارية في الإسلام د. علي حسنين ص187.

لأخبار القضاء وعمال المعاون والأحداث والخراج والضياع وأرزاق الأولياء ونحو ذلك كتباً يجري كل كتاب في موضعه"[1].

وبذلك يكون ديوان البريد بمثابة عيون لرئيس الدولة (الخليفة) على ولاته وعماله وعوناً له في الإحاطة بكل ما يجري في الدولة، بما يمكنه من الإشراف الفعّال على سير الأمور العامة وتصحيح الأوضاع السلبية وخاصة ما يرد بيت المال من أموال وما يخرج منه.

كذلك قام ديوان البريد والأخبار بجهد بارز في اختيار الولاة والعمال... حيث كان الخليفة يشيع بين الناس عن عزمه على اختيار شخص معين لإحدى الولايات، فيتناقل الناس حسناته وسيئاته، وكان أصحاب أخباره ينقلون إليه ما يقوله الناس فيولي من يمدحونه ويقصي من يذمونه[2].

ومن التطبيقات الرقابية لهذا الديوان فيما يتعلق بالرقابة المالية:

- قَدِم المؤمل بن أميل الشاعر على المهدي بالري وهو ما زال ولي عهد فأمر له بعشرين ألف درهم لأبيات امتدحه بها، فكتب بذلك صاحب البريد إلى الخليفة المنصور وهو بمدينة السلام بخبره بالخبر، فعزله المنصور، وكتب إليه يقول: "إنما كان ينبغي أن تعطي الشاعر بعد أن يقيم ببابك سنة أربعة آلاف درهم"[3].

- وكتب صاحب بريد همدان إلى المأمون بخراسان يعلمه أن كاتب البريد المعزول أخبره أن صاحبه وصاحب الخراج كانا تواطآ على إخراج مائتي ألف درهم واقتسماه بينهما[4].

---

[1] الحضارة الإسلامية في القرن الرابع الهجري آدم ميتز ص 128 – 129.
[2] نظام الحكم والإدارة في الدولة الإسلامية د. محمد عبد الله الشيباني ص 105.
[3] الرقابة على أعمال الإدارة د. سعيد الحكيم ص 355.
[4] الإدارة الإسلامية في عز العرب محمد كردعلي ص160.

ثالثاً: ديوان النظر (السلطنة) أو ما يسمى "ديوان المكاتبات والمراجعات".

ظهر هذا الديوان في عهد العباسيين وأطلق عليه ديوان النظر أو المكاتبات والمراجعات وسماه الماوردي بديوان السلطنة[1].

ظهر هذا الديوان في عهد العباسيين وأطلق عليه ديوان النظر أو المكاتبات المراجعات وسماه الماوردي بديوان السلطنة[2].

ويتولى رئيس ديوان النظر أعمالاً رقابية في غاية الأهمية، ولذلك كان يشترط لولايته شرطان هما:[3]

أولاً: العدالة: لأنه مؤتمر على حق بيت المال والرعية، فاقتضى ـ أن يكون في العدالة والأمانة على صفات المؤتمنين.

ثانياً: الكفاية: لأنه مباشر لعمل يقتضي أن يكون في القيام مستقلاً بكفاية المباشرين.

دور ديوان النظر في الرقابة المالية

نوجز فيما يلي اختصاصات ديوان النظر (السلطنة) كما أوردها الماوردي والمتعلقة بالرقابة المالية:[4]

أولاً: حفظ القوانين على الرسوم العادلة من غير زيادة تتحيف بها الرعية أو نقصان ينثلم به حق بيت المال.

---

[1] انظر: الأحكام السلطانية للماوردي ص203 وما بعدها.

[2] الأحكام السلطانية للماوردي ص215.

[3] ذكر الماوردي لديوان النظر أربعة أقسام هي:

1. ما يختص بالجيش من إثبات الجند وتعيينهم ومقدار عطائهم وموعده... الخ.
2. ما يختص بالأعمال من رسوم وحقوق.
3. ما يختص بالعمال من تقليد وعزل.
4. ما يختص ببيت المال من دخل وخرج.

[4] انظر: الأحكام السلطانية للماوردي ص 203 وما بعدها.

- الأحكام السلطانية لأبي يعلى الفراء ص 244 وما بعدها.

ثانياً: استيفاء الحقوق وهو على ضربين:

- استيفاؤها ممن وجب عليه من العاملين، فيعمل فيه على إقرار العمال بقبضها.

- استيفاؤها من القابضين لها من العمال، فإن كانت خراجاً إلى بيت المال لم يحتج فيها إلى توقيع ولي الأمر، وكان اعتراف صاحب بيت المال بقبضها حجة في براءة العمال منها.

ثالثاً: إثبات الرفوع، وتنقسم إلى ثلاثة أقسام هي:

الأول: رفوع مساحة وعمل، فإن كانت أصولها مقدرة في الديوان اعتبر صحة الرفع بمقابلة الأصل وأثبت في الديوان إن وافقها، وإن لم يكن لها في الديوان أصول عمل في إثباتها على قول رافعها.

الثاني: رفوع قبض واستيفاء، فيعمل بإثباتها على مجرد قول رافعها.

الثالث: رفوع خرج ونفقة، فرافعها مدع لها فلا تقبل دعواه إلا بالحجج البالغة.

رابعاً: محاسبة العمال، فإن كانوا من عمال الخراج لزمهم رفع الحساب، ووجب على كاتب الديوان محاسبتهم في صحة ما رفعوه، وإذا حوسب من وجبت عليه محاسبته من العمال نظر، فإن لم يقع بين العامل وكاتب الديوان حلف، كان كاتب الديوان مصدقاً في بقايا الحساب، فإن استراب به ولي الأمر كلفه إحضار الشهود، فإن زالت الريبة وأراد ولي الأمر الأحلاف على ذلك أحلف العامل دون كاتب الديوان.

وإن اختلفا في الحساب نظر، فإن كان اختلفا في دخل فالقول فيه قول العامل لأنه منكر، وإن كان اختلافهما في خراج فالقول فيه قول الكاتب لأنه منكر.

خامساً: تصفح الظلامات: وهو يختلف بسبب اختلاف التظلم، فإن كان المتظلم من الرعية ضد عامل ظلمه، كان صاحب الديوان فيها حاكماً، وجاز له أن يتصفح الظلامة ويزيل الظلم، وإن كان المتظلم عاملاً جوزف في حساب أو

غولظ في معاملة صار صاحب الديوان فيها خصماً، وكان المتصفح لها ولي الأمر.

رابعاً: ديوان النفقات:

يرجع وجود هذا الديوان إلى تعاظم مسؤوليات الدولة واتساع إسهاماتها في العديد من الأنشطة وبالتالي كثرة ما تنفقه مما يحتاج إلى ضبط وتدقيق وإشراف[1].

وعليه فإن نشأة هذا الديوان جاءت متأخرة نسبياً أثناء خلافة سليمان بن عبد الملك، حيث أورد الجهشياري في معرض حديثه على كُتّاب الدواوين: "وكان عبد الله بن عمرو بن الحارث يكتب لسليمان بن عبد الملك على النفقات وبيوت الأموال والخزائن"[2].

ولا شك أن وظيفة هذا الديوان تمثلت في الإشراف على كافة نفقات الدولة من تسليح للجيش ورواتب العمال والولاة والعمارة، كما أشار الجهشياري بقوله: "ينظر في كل ما ينفق ويخرج في جيش وغيره..." [3].

وفي ديوان النفقات سجل يحوي تفاصيل كل أنواع الإنفاق الجارية، ثم تطورت أعمال هذا الديوان فيما بعد ليشتمل على عدة مجالس لكل منها اختصاصه[4].

أما عن آلية العمل: فإن متولي هذا الديوان يقوم بحصر مجموعة النفقات، ثم مطابقتها مع متولي ديوان بيت المال، للتأكد من أنه لا يوجد أي خلل، مع مراجعة التواقيع الثابتة الدالة على صحة مصروفات النفقات[5].

---

(1) انظر: نظام الحكم والإدارة د. محمد الشيباني ص119.
(2) الوزراء والكتاب للجهشياري ص49.
(3) المرجع السابق ص3.
(4) انظر تفصيل المجالس في كتاب الخراج وصنعة الكتابة لقدامة بن جعفر، تحقيق مصطفى الحياري ص28 30.
(5) آثار الأول في ترتيب الدول الحسن بن عبد الله ص74.

من اختصاصات ديوان النفقات المتعلقة بالرقابة المالية على المال العام ما يلي:[1]

- تتبع نفقات العاملين بالأجهزة المختلفة وتصنيفهم حسب الأعمال الموكلة إليهم وتسجيل أوقات استحقاقهم رواتبهم في سجلات خاصة لهذا الغرض.
- يتولى ديوان النفقات الإشراف على مباني الدولة ومرافقها من بناء وترميم ومحاسبة ذوي الاختصاص المتصل بالبناء والترميم، والتدقيق في التكاليف ضماناً وحفاظاً على المال العام.
- تنظيم وضبط النفقات بالمقابلة بين مستندات الصرف بمجاميع النفقات المصروفة التي تصل إلى ديوان النفقات من بيت المال.

خامساً: دواوين أخرى:

بجانب الدواوين التي سبق توضيحها ظهرت دواوين أخرى، تغيرت طبيعتها من فترة لأخرى، إلا أنه كان لها دور واضح في الرقابة على المال العام ومن هذه الدواوين:

1. **ديوان الخاتم:**

نشأ هذا الديوان في عهد معاوية بن أبي سفيان (41 هـ) ويرجع سبب إنشاء هذا الديوان: أن معاوية كان قد أمر لعمر بن الزبير بمائة ألف دينار، وكتب له كتاباً بذلك إلى عامله على الكوفة زياد، ففتح عمر الكتاب وجعل المائة مائتين، ولم يكتشف زياد التزوير، وعندما رفع الحساب إلى معاوية تذكر أنه كتب مائة لا مائتين، فطلب الكتاب واكتشف التزوير. ومن هنا أنشئ هذا الديوان[2].

---

[1] انظر: نظام الحكم والإدارة في الدولة الإسلامية للدكتور محمد عبد الله الشيباني ص119 – 120.

[2] انظر: - الفخري في الآداب السلطانية لابن طباطبا ص107.
- التاريخ للطبري جـ 6 ص184.
- المقدمة لابن خلدون ص 265.
- الوزراء والكتاب للجهشياري ص 24.

ونستنتج أن هذا الديوان وجد لمنع الخطأ أو التزوير في الكتب المهمة التي تصدر عن الخليفة وخاصة ما يتعلق بالمال العام.

2. ديوان الاستكشاف والمصادرات:

أول من أنشأ هذا الديوان الخليفة الأموي عبد الملك بن مروان، حيث كان يعمل تحقيقاً مع الجباة وموظفي الخارج عند اعتزالهم، وكانوا يعذبون حتى يقروا بما سلبوا من أموال ويردوه إلى بيت المال.

كما أن المنصور كان لا يحتفظ بخدمات أي أمير في ولاية واحدة مدة طويلة، وإذا ما عزل الخليفة أحد الولاة كان أول ما يقوم به هو التحقيق معه، ومطالبته بتقديم حساب دقيق على الأموال التي جمعها، وكان أقل ارتياب في أمانته يؤدي به إلى مصادرة أملاكه ووضعه تحت طائلة العقاب الصارم.

وبهذا نخلص إلى أن مهمة هذا الديوان هو كشف أحوال العمال والولاة عند عزلهم، ومصادرة الأموال التي حصلوا عليها بأساليب غير مشروعة عن طريق وظائفهم أو بسببها[1].

3. ديوان الخراج:

يعتبر هذا الديوان من أهم دواوين الدولة فهو يتولى تنظيم الخراج وجبايته والنظر في مشكلاته، وهو عماد المالية، فمهمته الإشراف على مالية الدولة ومراقبة عائداتها وتسجيلها[2].

---

[1] انظر: الرقابة الإدارية في الإسلام د. علي حسنين ص 215 - 216.

[2] انظر: النظم الإسلامية للدوري ص 146.

المبحث الثالث

بيت المال ودوره في الرقابة المالية

- المطلب الأول: مفهوم بيت المال وأهميته ونشأته.
- المطلب الثاني: دور بيت المال في الرقابة المالية.

المبحث الثالث

بيت المال ودوره في الرقابة المالية

"بيت المال" من المصلحات التي ترددت كثيراً على الألسنة حتى أصبحت جزءاً من نظام المجتمع الإسلامي، وهو مصطلح إسلامي لم تعرفه الحياة الجاهلية لعدم وجود دولة يقوم عليه الحاكم، توضع في يده أموال عامة ينفق منها في شؤون المجتمع[1].

ويمكن الإشارة إلى بيت المال ودوره في الرقابة المالية من خلال المطالب التالية:

المطلب الأول: مفهوم بيت المال وأهميته ونشأته:

يمكن النظر إلى مصطلح "بيت المال" من زاويتين[2]:

الأولى: أن "بيت المال" هو الجهة التي تختص بكل ما يرد إلى الدولة أو يخرج منها، أو بعبارة أخرى هو الجهة المعنوية المسؤولة عن تنظيم واردات الدولة ونفقاتها والتشريعات المنظمة لذلك، لهذا "كل مال استحقه المسلمون ولم يتعين مالكه منهم فهو من حقوق بيت المال، فإذا قبض صار بالقبض مضافاً إلى حقوق بيت المال سواء أدخل إلى حرزه أو لم يدخل، لأن بيت المال عبارة عن الجهة لا عن المكان، وكل حق وجب صرفه في مصالح المسلمين فهو حق على بيت المال"[3].

---

[1] انظر: السياسة المالية في الإسلام للدكتور عبد الكريم الخطيب ص48.
[2] انظر: بيت المال في عصر الرسول صلى الله عليه وسلم: ندوة مالية الدولة في صدر الإسلام د. زكريا القضاة ص3 – 4.
[3] الأحكام السلطانية للماوردي ص213.

الثانية: "بيت المال" هو "المكان الذي توضع فيه وتصرف منه الأموال التي هي من واردات الدولة، مـع مـا يتطلبه ذلك من جهاز إداري لضبط الدخل والخرج".

وفي تعريف آخر "لبيت المال": هو الاصطلاح الذي أطلق على المؤسسة التي قامت بالإشراف على مـا يرد من الأموال وما يخرج منها في أوجه النفقات المختلفة[1].

ومن هنا أنشئ بيت المال لضبط إيرادات الدولة ونفقاتها ومحاسبة ومراقبـة القائمين علـى هـذه الأموال، وقد ذكر قدامة بن جعفر الغرض من إنشاء ديوان بيت المال فقال:

"والغرض منه هو محاسبة صاحب بيت المال على ما يرد عليه من الأموال، ويخرج من ذلك في وجوه النفقات والإطلاقات (المصروفات).

وإذا كان ما يرفع من الختمات[2] مشتملاً على ما يرفع إلى دواويـن الخـراج والضياع مـن الحمـول[3] وسائر الورود، وما يرفع إلى ديوان النفقات مما يطلق في وجوه النفقات. وكان المتولي لها جامعـاً للنظر في الأمرين ومحاسباً على الأصول والنفقات"[4].

أما عن نشـأة بيـت المال، يمكن القـول بأن نواة نشأته كانت في عهد الرسول صلى الله عليـه وسـلم، وهذا واضح من خلال التنظيمات والتشريعات المالية التي وضعها الرسول صـلى الله عليـه وسـلم، ولا أدل على ذلك من أن جابر بن عبد الله رضي الله عنه قال: "أردت الخروج إلى خيبر فأتيت الرسول صلى الله عليـه وسلم، فقال: إذا أتيت وكيلي فخذ منه خمسة عشر وسقا، فإن ابتغى منك آية، فضع يدك على ترقوته"[5].

---

[1] بيت المال د. خولة شاكر ص13.

[2] الختمات: هي جمع ختمة وهو كتاب يرفعه الجند في كل شهر بالاستخراج والجمل والنفقات والحاصل كأنه يختم به الشهر. انظر. مفاتيح العلوم ص54.

[3] الحمول: جمع حمل وهي الأموال التي تحمل إلى بيت المال. انظر:مفاتيح العلوم ص62.

[4] الدواوين من كتاب الخراج وصنعة الكتابة قدامة بن جعفر ص61.

[5] السنن لأبي داود جـ 3 ص 314 والترقوة: عظمة مشرفة بين ثغرة النحو والعاتق. انظر: المعجم الوسيط للدكتور إبراهيم أنيس وآخرون جـ 1 ص84.

يلاحظ مـن خلال هذا الحديث الشريف أنه كان هناك علامة سرية بين الرسول صلى الله عليه وسلم ووكيله على بيت المال، لبيان صدق من يطلب منه مالاً مما تحت ولايته، وهذا يدل على الدقة المتناهية في المحافظة على المال العام، وتوثيق المصروفات التي يقوم بها الوكيل بأمر الرسول صلى الله عليه وسلم

ولكن يمكـن القـول إن بيت المال قد استكمل وجوده في خلافة عمر بـن الخطاب رضي الله عنه، وهكذا نفهم قول ابن تيمية: "ولم يكن للأموال المقبوضة والمقسومة ديوان جامع عـلى عهد رسول الله صلى الله عليه وسلم وأبي بكر رضي الله عنه بل كان يقسم المال شيئاً فشيئاً، فلما كان في زمـن عمـر بـن الخطاب رضي الله عنه كثر المال، واتسعت البلاد، وكثر الناس، فجعل ديوان العطاء للمقاتلة وغيرهم"[1].

المطلب الثاني: دور بيت المال في الرقابة المالية:

كان لديوان بيت المال دور مهم في إحكام ضبط إيرادات الدولـة ومصروفاتها، بوجـود نظام دقيـق للمراقبة على الأموال العامة.

ويدل على ذلك ما قاله القلقشندي: "فليضبط أصولها وفروعها ومفردها ومجموعها وليؤنس بحياطة اجتهاد ربوعها، وليكفلها بأمانة تضم أطرافها، ونزاهة تحلي أعطافها، وكتابة تصحر جليلها ودقيقها، ونباهة توفي شروطها وحقوقها وليحزر واردها مصروفها، ليغدو مشكور الهمم موصوفها، وليلاحظ جرائـد حسابها ويحفظ من الزيغ قلم كتابه، حتى ينمي تصرفه فيها على الأوائل، ويشكر تعرفه وتعطفه عـلى كـل عامـل ومعامل"[2].

ويقول القلقشندي في موضع آخر وهو بصدد الحديث عن وظائف بيت المال قوله: "ويقع عليه حسن جباية الإيرادات وترشيد إنفاقها نظر خزائن السلاح وليحفظ ما ينفق على هـذا العـدد مـن الضياع، ويأت بما تأتي به الضياع على أحسن الوجوه وأجمل الأوضاع، وليضبط ما يصرف عليها من الأموال"[3].

---

[1] السياسة الشرعية لابن تيمية ص37.

[2] صبح الأعشى للقلقشندي – جـ 11 – ص344 – 345.

[3] المرجع نفسه – جـ 11 – ص347.

والوسائل التي قام بها بيت المال في سبيل المحافظة على المال العام ومراقبته الإيرادات والمصروفات تتمثل فيما يلي:

أولاً: قيد أوامر الصادرات وتحصيل صرف الإيرادات:

كان لزاماً أن يقيد في بيت المال جميع ما يرد إلى بيت المال وما يصرف.

يقول قدامة بن جعفر: "وما يحتاج إلى تقوية هذا الديوان به، لتصح أعماله وتنتظم أحواله ويستقيم ما يخرج منه أن تخرج كتب الحمول من جميع النواحي – قبل إخراجها إلى دواوينها – إليه لتثبت فيه، وكذلك الكتب النافذة إلى صاحب بيت المال من جميع الدواوين، بما يؤمر بالمطالبة به من الأموال"[1].

ثانياً: تأشيرة القيد:

وهي علامة توضع على المستندات بعد قيدها بالسجلات، وفي ذلك يقول قدامة بن جعفر: "يكون لصاحب الديوان علامة على الكتب والصكاك[2] والإطلاقات (المصروفات) يتفقدها الوزير وخلفاؤه ويراعونها، ويطالبون بها إذا لم يجدوها لئلا يتخطى أصحابها والمديرون"[3].

ثالثاً: اعتماد المستندات قبل الصرف:

الصرف لا يتم إلا بمقابل مستندات معتمدة وتحفظ في الديوان، ويكون ذلك بنماذج خاصة، يقول القلقشندي: "حيث كان كتاب الأموال يعتمدون على رسول مقررة وأنموذجات لا يكاد يخرج فيها تغيير ولا زيادة ولا نقص"[4].

---

[1] الدواوين من كتاب الخراج وصناعة الكتابة – قدامة بن جعفر – ص61.
[2] الصكاك: جمع صك يجمع فيه أسماء المستحقين، وعددهم، ومبلغ مالهم، ويوقع السلطان آخره بإطلاق الرزق لهم. انظر: مفاتيح العلوم – ص56.
[3] الدواوين من كتاب الخراج وصناعة الكتابة – قدامة بن جعفر – ص61.
[4] صبح الأعشى للقلقشندي جـ 11 ص197.

رابعاً: مراقبة وضبط الإيرادات:

وذلك بأن يقيم لكل عمل من الأعمال سجلات فيها تفصيل الإيرادات التي ترد من مختلف الجهات، ويتم مراجعة ما يصل من الإيرادات والمقبوضات من هذه الجهات على الرسائل الواردة بصحبتها.

فإذا صح المال الواصل صحبة الرسالة كتب رجعة أو مخالصة، ويتم القيد أو الشطب من واقع ما صح من الرسائل الواردة، وتحفظ هذه الرسائل لكل جهة باعتبارها المستندات المؤيدة للإضافة للإيرادات، وتقيد المقبوضات في تعليق المياومة[1].

خامساً: مراقبة وضبط المصروفات:

ويتم ذلك بإمساك سجلات تفصيلية بأسماء أرباب الاستحقاقات وأصحاب المرتبات والأجور، ويوضح قرين كل اسم المقرر له والمستحق، هذا ويحتفظ في بيت المال بالاستدعاءات التي تصل إليه من مختلف الجهات وجميع الإيصالات الخاصة بالمصروفات[2].

يقول النويري: "وطريق مباشرة بيت المال في ضبط المصروف أن يبسط جريدة على ما يصل إليه من الاستدعاءات والوصولات من الجهات، وأسماء أربات الاستحقاقات... والرواتب وما هو مقرر لكل منهم في كل شهر بمقتضى تواقيعهم... ويشطب قبالة كل اسم ما صرفه له على مقتضى عادته..." [3].

سادساً: يلزم كاتب الديوان رفع موازنة تقديرية كل سنة، بالإضافة لرفعه كشوف تفصيلية كل ثلاث سنوات[4].

---

(1) نهاية الأرب في فنون الأدب للنويري جـ 8 ص 217.

(2) انظر: - مراقبة الموازنة العامة للدكتور شوقي عبده الساهي ص 106.
- الرقابة المالية في الإسلام للدكتور عوف كفراوي ص 218.

(3) نهاية الأرب فيفنون الأدب للنويري جـ 8 ص 218 - 219.

(4) المرجع السابق جـ 7 ص 297 وما بعدها.

المبحث الرابع

نظام الحسبة ودورهما في الرقابة المالية.

- المطلب الأول: تعريف الحسبة ومشروعيتها ونشأتها.

- المطلب الثاني: اختصاصات الحسبة ودورها في الرقابة المالية.

المبحث الرابع

الحسبة ودورها في الرقابة المالية في الاقتصاد الإسلامي.

تعد الرقابة إحدى المهام الأساسية في نظام الحسبة، إذ عـن طريقهـا يـتم التحقـق مـن مـدى إنجـاز الأهداف، ودرجة كفاية العمل ومطابقته للقواعد العامة والخاصة، وعـن طريقهـا يـتم اكتشـاف الأخطـاء والانحرافات والمخالفات التي تقع أثناء التنفيذ لكي يـتم تصحيحها أو تجنبهـا، كـما أنهـا تسـتهدف ضـمان احترام قواعد الشريعة وحماية المصلحة العامة[1].

فالرقابة المالية التي يمارسها المحتسب[2] في الاقتصاد الإسلامي هي: مجموعـة السـلطات التـي تقرهـا الدولة الإسلامية، ويستخدمها المحتسب وأعوانه لضمان المحافظة على المال العام إيراداً وإنفاقاً.

ولأهمية نظام الحسبة ودورها في تحقيق الرقابة المالية فإننا نوضحها من خلال المطالب التالية:

المطلب الأول: تعريف الحسبة ومشروعيتها ونشأتها:

عرفت الحسبة بأنها: "أمر بالمعروف إذا ظهر تركه ونهي عن منكر إذا ظهر فعله"[3].

والمعروف: هو كل قول أو فعل ينبغي قوله أو فعله طبقاً لنصوص الشريعة الإسلامية ومبادئها[4].

---

[1] انظر: نظام الحسبة للدكتور خالد الظاهر وزميله ص 178.

[2] المحتسب: هو من نصبه الإمام للنظر في أحوال الرعية والكشف عن أمورهم ومصالحهم. انظر: القربة في أحكام الحسبة لابن الإخوة ص 51.

[3] الحسبة في الإسلام لابن تيمية ص 11.

[4] الحسبة في الإسلام للدكتور إبراهيم دسوقي ص 9.

والمنكر: هو كل معصية حرمتها الشريعة من قول أو فعل[1].

وأساس مشروعيتها القرآن والسنة والإجماع، فأما من القرآن فالشواهد كثيرة، قال تعالى:(وَلْتَكُنْ مِنْكُمْ أُمَّةٌ يَدْعُونَ إِلَى الْخَيْرِ وَيَأْمُرُونَ بِالْمَعْرُوفِ وَيَنْهَوْنَ عَنِ الْمُنْكَرِ) [2]، وقال تعالى:(كُنْتُمْ خَيْرَ أُمَّةٍ أُخْرِجَتْ لِلنَّاسِ تَأْمُرُونَ بِالْمَعْرُوفِ وَتَنْهَوْنَ عَنِ الْمُنْكَرِ) [3]، والآيات كثيرة في هذا المجال.

فأما من السنة، فالأحاديث كثيرة منها: قال صلى الله عليه وسلم: (لتأمرون بالمعروف ولتنهون عن المنكر أو ليوشكن الله أن يبعث عليكم عقاباً منه ثم تدعونه فلا يستجاب لكم)[4].

وأما الإجماع: فقد اجتمعت الأمة على وجوب الأمر بالمعروف والنهي عن المنكر، قال الإمام الجويني: "الأمر بالمعروف والنهي عن المنكر واجبان بالإجماع عن الجملة"[5].

وذكر صاحب التراتيب:

"والحسبة من أعظم الخطط الدينية فلعمون مصلحتها وعظيم منفعتها تولى أمراه الخلفاء الراشدون، لم يكلوا أمرها إلى غيرهم مع ما كانوا فيه من شغل الجهاد وتجهيز الجيوش..." [6].

وبما أن المال يشكل أهمية كبيرة في حياة الناس، لذا وجب وجود رقابة فعالة حتى لا ينفق المال فيغير موضعه، وبهذا كانت الحسبة من الوسائل الفعّالة للرقابة على الأموال العامة - وهذا ما سنوضحه عن دورها في الرقابة المالية لاحقاً.

---

[1] المرجع نفسه ص 9.
[2] سورة آل عمران الآية 104.
[3] سورة آل عمران الآية 110.
[4] السنن للترمذي كتاب أبواب الفتن حديث رقم 2259 جـ 3 ص 216 وهو حديث حسن.
[5] الإرشاد للجويني طبعة الخانجي ص 368.
[6] التراتيب الإدارية للكتاني ص 286.

أما عن نشأة الحسبة وتطورها لابد من التمييز بين أمرين:[1]

الأول: الحسبة من حيث وجودها واقعاً تطبيقياً عملياً دون أن يكون لها جهاز وظيفي بهاذ الاسم.

الثاني: الحسبة كنظام مطبق كولاية دينية مستقلة يقوم على أمرها جهاز خاص له شروطه وخصائصه ووظائفه.

فأما الأمر الأول من حيث التطبيق العملي نشأ مع بزوغ بدايات الإسلام في عهد الرسول صلى الله عليه وسلم، وهذا واضح من خلال أقواله وأفعاله صلى الله عليه وسلم، أخرج مسلم عن أبي هريرة رضي الله عنه أن رسول الله صلى الله عليه وسلم مرّ على صُبْرَة طعام، فأدخل يده فيها، فنالت أصابعه بللاً. فقال: (ما هذا يا صاحب الطعام، فقال: أصابته السماء يا رسول الله، قال: أفلا جعلته فوق الطعام كي يراه الناس، من غش فليس مني) [2].

أما الحسبة كنظام مستقل له جهازه الخاص، وجد بعد اتساع الدولة الإسلامية ودخول شعوب كثيرة في دين الإسلام - ليس لديهم الوازع الديني ورقابة الضمير - ونتيجة لذلك ظهرت الحسبة كنظام مستقل له جهازه الخاص به، بحيث يكون مأذوناً له من جهة الحاكم المسلم، كما في زمن الخليفة أبي جعفر المنصور حيث ولّي الحسبة يحيى بن زكريا عام 157 هـ ثم أصبح ذلك تقليداً متبعاً عند الكثير من خلفاء بني عباس[3].

وهكذا نخلص أن الحسبة والاحتساب بدأ بالوسائل العامة والبسيطة ثم تطور نحو التخصص في مراقبة مختلف شؤون الدولة الإسلامية ومنها - الجانب المالي - .

---

(1) انظر: رقابة الدولة الإسلامية على سوق السلع والخدمات حسن محمود ص101.
(2) صحيح مسلم بشرح النووي باب من غش فليس منا جـ 2 ص109.
(3) انظر: الرقابة المالية في الإسلام د. عوف كفراوي ص160.

المطلب الثاني: اختصاصات الحسبة ودورها في الرقابة المالية:

أولاً: متابعة تنفيذ أحكام الشريعة الإسلامية في المحافظة على المال العام جباية وحفظاً وإنفاقاً:

إن المحافظة على المال العام واجب شرعي يلتزم به الفرد المسلم، ومن واجب المحتسب الرقابة والإشراف على المال العام وإنكار السلوك المجافي للشريعة الإسلامية وفرضة العقوبات الصارمة بحق المخالفين، إذ يقول ابن تيمية: "إذا كان جماع الدين وجميع الولايات هو أمر ونهي، فالأمر الذي بعث به رسوله هو الأمر بالمعروف والنهي الذي بعثه به هو النهي عن المنكر" [1].

وبذلك فإن الأصل في نظام الحسبة في الإسلام هو: "صيانة حقوق الله ورعاية حقوق العباد من أجل غاية أساسية يحرص عليها المجتمع الإسلامي كل الحرص، وهي أن تصنع حياة الناس على عين الشريعة وأن يكون الحكم لله وأن يكون الدين كله لله وهي غاية عظمى في الدين تتجه إليها كل الولايات الإسلامية... فهي وظيفة دينية تراقب من خلالها خطوات الناس وأعمال السلطات وتصرفات الحكام حتى يتبين مدى التزامهم جميعاً بالشرع الإسلامي"[2].

والمال كما هو معلوم عصب الحياة وحفظه من الضروريات التي حث عليها الإسلام، فكان من صميم اختصاص المحتسب مراقبة المال العام خشية الهدر والضياع والإسراف واستخدامه بالإنتاج والنفع والخير.

ثانياً: مراقبة تحصيل إدارات الدولة المالية:

من اختصاصات والي الحسبة مراقبة إيرادات الدولة: "فإذا علم أن فريقاً من الناس يمنعون إخراج نصيب الدولة في أموالهم أو يتهربون من الدفع بإخفاء أموالهم

---
(1) السياسة الشرعية لابن تيمية – ص 7.
(2) الحسبة في الإسلام – دراسة في المفهوم – د. محمد كمال الدين – ص 21.

الباطنة أو يجتنبوا دفع الزكاة أو الضرائب بوسائل ملتوية فإن لوالي الحسبة أن يقوم بتحصيل تلك الأموال منهم جبراً"[1].

وفي ذلك يقول الماوردي: "وأما الممتنع من إخراج الزكاة، فإن كان من الأموال الظاهرة فعامل الصدقة يأخذها منه جبراً أخص وهو بتعزيره على الغلول إن لم يجد له عذراً أحق، وإن كان من الأموال الباطنة فيحتمل أن يكون المحتسب أخص بالإنكار عليه من عامل الصدقة، وإن رأى رجلاً يتعرض لمسألة وعلم أنه غني إما بمال أو عمل أنكره عليه وأدبه فيه، وكان المحتسب بإنكاره أخص من عامل الصدقة"[2].

ثالثاً: مراقبة العمال والولاة:

من المهام الرفيعة التي يضطلع بها ديوان المحتسب هو مراقبة العمال والولاة حيث ذكر أن عمر بن الخطاب رضي الله عنه مرّ يوماً ببناء من الحجارة والجصّ فقال: لمن هذا؟ فذكروا له أنه لعامل من عماله على البحرين، فقال: أبت الدراهم إلا أن تخرج أعناقها.[3].

رابعاً: مراقبة إنفاق الأموال العامة في وجوهها المشروعة:

ذكر الماوردي من اختصاصات المحتسبُ مراقبة إنفاق المال العام، كأن يمنع المحتسب من إنفاق موارد الدولة في غير الوجوه المخصصة شرعاً، كإعطاء غير المستحقين من الحصول على نصيب من أموال الصدقات، يقول الماوردي: "فإن رأى المحتسب رجلاً يتعرض لمسألة الناس وطلب الصدقة وعلم أنه غني إما بمال أو عمل أنكر عليه وأدبه... ولو رأى آثار الغنى وهوي سأل الناس أعلمه تحريمها

---

(1) الرقابة المالية في الشريعة الإسلامية حسين ريان ص139.
(2) الأحكام السلطانية للماوردي ص248.
(3) الإدارة الإسلامية في عز العرب محمد كردعلي ص38. وانظر: عيون الأخبار لابن قتيبة ص109.

على المستغني عنها، وإن تعرض للمسألة ذو جلد وقوة على العمل زجره وأمره أن يتعرض للاحتراف بعمل، فإن أقام على المسألة عزره حتى يقلع عنها"[1].

كما على المحتسب أن يراقب صيانة المرافق العامة إذا تعطلت من بيت مال المسلمين وإن كان مفلساً فإنه يجمع الأموال من الناس، فذكر الماوردي: "فالبلد إذا تعطل شربه أو استهدم سوره أو كان يطرقه بنو السبيل من ذوي الحاجات فكفوا عن معونتهم، فإذا كان في بيت المال مال لم يتوجه عليهم فيه ضرر أمر بإصلاح شربهم وبناء سورهم، وبمعونة بنو السبيل في الاجتياز بهم، لأنها حقوق تلزم بيت المال..."[2].

خامساً: اختصاصات أخرى:

من المهام التي يضطلع بها ديوان الحسبة مراقبة الحالة الاقتصادية فيمنع الاحتكار، يقول ابن القيم: "كان لولي الأمر أن يكره المحتكر على بيع ما عندهم بقيمة المثل عند ضرورة الناس إليه..."[3].

ويذكر ابن تيمية: "فإن المحتكر هو الذي يعمد إلى شراء ما يحتاج إليه الناس من الطعام فيحبسه عنهم ويريد إغلاءه عليهم وهو ظالم للخلق المشترين، ولهذا كان لولي الأمر أن يكره الناس على بيع ما عندهم بقيمة المثل عند ضرورة الناس إليه"[4].

كما من اختصاصات المحتسب التدخل بتحديد الأسعار دفعاً للضرر العام مت ترك الأسعار مطلقة دون تحديد، يقول ابن القيم: "فإذا كان الناس يبيعون سلعهم على الوجه المعلوف من غير ظلمة منهم وقد ارتفع السعر - إما لقلة الشيء وإما لكثرة الخلق - فهذا إلى الله فإلزام الناس أن يبيعوا بقيمة بعينها: إكراه بغير حق.

---

(1) الأحكام السلطانية للماوردي ص248.
(2) المرجع نفسه ص245.
(3) الطرق الحكمية لابن القيم ص243.
(4) الحسبة في الإسلام لابن تيمية ص17.

وأما أن يمتنع أرباب السلع من بيعها، مع ضرورة الناس إليها إلا بزيادة على القيمـة المعروفـة، فهنـا يجب عليهم بيعها بقيمة المثل، ولا معنى للتسعير إلا إلزامهم بقيمة المثل، والتسعير هاهنـا إلـزام بالعـدل الذي ألزمهم الله به"[1] .

ويدخل أيضاً في اختصاصات المحتسب ما يلي: [2]

- الإشراف على عمليات البيع والشراء في السوق ومنع الغش والغبن والتدليس فيها.

- سراقبة المكاييل والأوزان والموازين.

- مراقبة مواصفات السلع والخدمات المنتجة بأن يجعل المحتسب لكل أهل صنعة عريفاً.

- منع ظاهرة التلقي – تلقي الركبان – لأن منعها يشكل حافزاً للاستمرار في الإنتاج.

- منع ظاهرة النجش والتناجش – وهو رفع الأسعار بدون رغبة في الشراء.

- منع تزييف العملة.

- منع بيوع الربا والمضاربات الربوية.

- منع البيوعات المحرمة المنصوص عليها بالقرآن والسنة.

- مراقبة تنظيم الأسواق وتوزيعها توزيعاً نوعياً.

---

[1] الطرق الحكمية لابن القيم ص 244 – 245.
[2] اختصاصات ومؤهلات المحتسب في إدارة الاقتصاد الإسلامي د. فاضل عباس ص 49 وما بعدها.

المبحث الخامس

ولاية المظالم ودورها في الرقابة المالية

- المطلب الأول: تعريف ولاية المظالم وأهميتها ونشأتها.

- المطلب الثاني: دور ولاية المظالم في الرقابة المالية.

المبحث الخامس

ولاية المظالم ودورها في الرقابة المالية

حرص الإسلام على رفع الظلم ونصرة المظلومين، والشواهد على ذلك كثيرة، قال الله تعالى:(إِنَّهُ لَا يُحِبُّ الظَّالِمِينَ (40) وَلَمَنِ انْتَصَرَ بَعْدَ ظُلْمِهِ فَأُولَئِكَ مَا عَلَيْهِمْ مِنْ سَبِيلٍ (41) إِنَّمَا السَّبِيلُ عَلَى الَّذِينَ يَظْلِمُونَ النَّاسَ وَيَبْغُونَ فِي الْأَرْضِ بِغَيْرِ الْحَقِّ أُولَئِكَ لَهُمْ عَذَابٌ أَلِيمٌ)[(1)].

وولاية المظالم هدفها الأصيل هو رفع الظلم أياً كان نوعه لقوله صلى الله عليه وسلم: (اتقوا الظلم، فإن الظلم ظلمات يوم القيامة... الحديث)[(2)].

ونتناول ولاية المظالم من خلال المطالب التالية:

المطلب الأول: مفهوم ولاية المظالم وأهميتها ونشأتها:

عرف الماوردي ولاية المظالم بأنها: "قود المتظالمين إلى التناصف بالرهبة، وزجر المتنازعين عن التجاحد بالهيبة"[(3)].

وعرّفها ابن خلدون بقوله: "بأنها وظيفة ممتزجة من سطوة السلطنة ونصفة القضاء، وتحتاج إلى علو يدٍ، وعظيم رهبة، تقمع الظالم من الخصمين وتزجر المعتدين"[(4)].

يتضح من المفاهيم أعلاه: "أن لصاحب المظالم سلطة قضائية أوسع وأعلى من سلطة القاضي تخوله النظر في القضايا التي نظر بها القضاة فعجزوا عن تنفيذ أحكامهم بشأنها لتعدي ذوي الجاه والحسب أو لعدم قناعة المستظلم بالحكم"[(5)].

---

(1) سورة الشورى آية 40 – 42.

(2) صحيح مسلم كتاب البر والصلة باب تحريم الظلم رقم الحديث 2578 جـ 4 ص1996.

(3) الأحكام السلطانية للماوردي ص77.

(4) المقدمة لابن خلدون ص175.

(5) الإدارة العربية الإسلامي د. عامر الكبيسي ص203.

ولأهمية ولاية المظالم اشترط الفقهاء لمن يقوم بها عدة شروط ذكرها الماوردي، فقال: "أن يكون جليل القدر، نافذ الأمر، عظيم الهيبة، ظاهر العفة، قليل الطمع، كثير الورع، وسبب ذلك أن قيامه بهذا العمل يحتاج إلى سطوة الحماة وثبت القضاة"[1].

أما عن نشأة ولاية المظالم وتطورها فقد كان الوازع الديني قوياً في عهد الرسول صلى الله عليه وسلم والخلفاء الراشدين، لذا كان الوعظ كافياً للزجر عن الظلم والاعتداء، والتناصف يقود الجميع إلى الحق وإلى هذا المعنى أشار الماوردي، مفسراً إلى عدم الحاجة إلى ديوان المظالم في عهد الرسول صلى الله عليه وسلم كديوان مستقل ومتخصص، إلا أن الرسول صلى الله عليه وسلم يعدّ أول من نظر في المظالم فنظر في الشِّرب -مسيل الماء - الذي تنازعه الزبير بن العوام ورجل من الأنصار، وقضى بينهما بالحق ورد للمظلوم مظلمته[2].

فيقول الماوردي: "لم ينتدب للمظالم من الخلفاء الأربعة أحد، لأنهم في الصدر الأول، ومع ظهور الدين عليهم كان التناصف يقودهم إلى الحق وكان الوعظ يصرفهم عن الظلم ولم تكن المنازعات في هذا العهد إلا حول أمور مشتبهة يوضحها حكم القضاء - أي من سبيل الاستفتاء - "[3].

ويستطرد الماوردي فيقول: "واحتاج علي رضي الله عنه حين تأخرت إمامته، واختلط الناس فيها وتجوروا إلى فضل صرامة في السياسة، وزيادة تيقظ في الوصول إلى غوامض الأحكام، ثم انتشر الأمر بعده حتى تجاهر الناس بالظلم والتغالب، ولم تكفهم زواجر العظة عن التجاذب، فاحتاجوا إلى ردع المتغلبين، وإنصاف المغلوبين، إلى ناظر المظالم الذي تمتزج فيه قوة السلطنة بإنصاف القضاء..."[4].

---

(1) الأحكام السلطانية للماوردي ص77.
(2) انظر: الأحكام السلطانية للماوردي ص77.
(3) الأحكام السلطانية للماوردي ص77.
(4) الأحكام السلطانية للماوردي ص77.

وأول من أفراد للظلامات يوماً يتصفح قصص المتظلمين من غير مباشرة النظر عبد الملك بن مروان ثم زاد الجور فكان عمر بن عبد العزيز، أول من ندب نفسه للنظر في المظالم فردها ثم جلس لها خلفاء[1] بني عباس"[2].

من بين الاختصاصات التي كانت تختص بها ولاية المظالم وتتعلق بالرقابة المالية ما يلي:[3]

المطلب الثاني: دور ولاية المظالم في الرقابة المالية:

أولاً: النظر في جور العمال فيما يجبونه من أموال:

ويرجع هذا إلى القوانين العادلة فيحمل الناس عليها ويأخذ العمال بها وينظر فيما استزادوه العمال، فإن رفعوه إلى بيت المال أمر برده وإن أخذوه لأنفسهم استرجعه لأربابه[4].

فوالي المظالم يراقب من تلقاء نفسه القائمين على جباية الإيرادات وهو في هذا ينظر في ثلاثة أمور هي:

الأول: في طرق تحصيل الإيرادات.

الثاني: في مقدار الأموال المحصلة.

الثالث: النظر فيما يأخذه مال الخراج ظلماً لأنفسهم.

---

[1] من هؤلاء الخلفاء المهدي ثم الهادي ثم الشريد ثم المأمون وآخر من جلس لها المهتدي.
انظر: الأحكام السلطانية للماوردي ص78.

[2] التراتيب الإدارية للكتاني ص268.

[3] انظر: - الرقابة المالية في الإسلام د. عوف كفراوي ص185 وما بعدها.
- مراقبة الموازنة العامة للدولة للدكتور شوقي عبده الساهي ص138 وما بعدها.

[4] الأحكام السلطانية للماوردي ص80.

ثانياً: النظر في تعدي الولاة على الرعية:

يقول الماوردي عن اختصاصات والي المظالم: "أن يكون لسيرة الولاة متصفحاً وعـن أحـوالهم مستكشفاً ليقويهم أن أنصفوا، ويكفهم إن عسفوا ويستبدل بهم إن لم ينصفوا..."[1].

ثالثاً: مراجعة ما يثبته كتاب الدواوين من أموال:

وذلك للتأكد من أن الإيرادات التي قد قيدت بدون نقص، والتحقق من صحة المصروفات.

رابعاً: تطبيق قاعدة من أين لك هذا؟

ينظر والي المظالم فيحسن تأدية القائمين على الشـؤون المالية بـأعمالهم والواجبـات المطلوبـة مـنهم، ويطبق عليهم قاعدة - من أين لك هذا؟ -.

خامساً: لوالي المظالم تصفح الأوقاف العامة:

حتى يتأكد أن ريعها يجري وفقاً لشروط واقفيها، وأن يقوم بمراجعة وكيفية التصرف بإيراداتها.

سادساً: النظر في المرتبات والأجور:

ينظر والي المظالم في أجور العاملين من أن يلحقها نقص أو تأخر أو إجحاف وذلك بالرجوع إلى ديوان العطاء.

سابعاً: رد الأموال المغصوبة:

لوالي المظالم رد الأموال التي اغتصبت سواء كانت مغتصبة من الولاة والحكام أو مـن الأفراد بغير حق، كما يرد للعامة ما اغتصب منهم من أموال.

---

[1] الأحكام السلطانية للماوردي ص80.

فقد جاء رجل من أهل أذربيجان وقام بين يدي عمر بن عبد العزيز وقال: يا أمير المؤمنين أذكر بمقامي هذا بين يديك مقامك غداً بين يدي الله، حيث لا يشغل الله عنك فيه كثرة من يخاصم من الخلائق من يوم تلقاه بلا ثقة من العمل، ولا براءة من الذنب. فبكى عمر بكاءاً شديداً. ثم قال له: ما حاجتك؟ فقال: إن عاملك بأذربيجان عدا عليّ فأخذ مني اثنتا عشر ألف درهم فجعلها في بيت المال. فقال عمر: اكتبوا له الساعة إلى عاملها فليردها عليه، ثم أرسله مع البريد[1].

ومن التطبيقات ما كتبه عمر بن عبد العزيز إلى عامله بالكوفة يأمره بإبطال المفارقات في جباية الأموال وعدم تحصيل أية ضرائب إضافية وعدم الجور في جباية الأموال ومما جاء في كتابه: "أما بعد فإن أهل الكوفة قد أصابهم بلاء وشدة وجور في أحكام الله نتيجة السُنّة التي استنها عليهم عمال السوء، وأن قوام الدين العدل والإحسان. لا تحمل خراباً على عامر ولا عامر على خراب، انظر الخراب فخذ منه ما طاق وأصلحه ولا تأخذن في العامر إلا وظيفة الخراج من رفق وتسكين لأهل الأرض ولا تأخذن في الخراج إلا وزن سبقه ليس لها آيين - ضرائب إضافية كانت إحياء لرسوم تقليدية ساسانية - ولا أجور الضرابين ولا هدية النيروز والمهرجان[2] ولا خراج من أسلم من أهل الأرض"[3].

ديوان المحاسبة الأردني من وجهة نظر الاقتصاد الإسلامي:

يهدف هذا الملحق في التعريف بديوان المحاسبة الأردني - الذي يتولى الرقابة على المال العام - لمعرفة مدى الاختلاف أو الإنفاق بينه وبين أجهزة الرقابة المالية في النظام الاقتصادي الإسلامي، ليتسنى لديوان المحاسبة الأردني من تعديل قانونه

---

(1) سيرة ومناقب بن عبد العزيز لابن الجوزي ص92 - 93. وانظر: البداية والنهاية لابن كثير جـ 9 ص226.

(2) سبق تفسيرهما ص68 من هذا البحث.

(3) الخراج لأبي يوسف ص86.

وتصحيح مسيرته، ليكون منسجماً مع ما يقره النظام الاقتصادي الإسلامي في مجال المحافظة على المال العام وصيانته من العبث والضياع.

ونتناول جهاز الرقابة المالية في الأردن من خلال الآتي:

أولاً النشأة والتطور:

مرت التجربة الأردنية لإنشاء جهاز متخصص في الرقابة المالية بمرحلتين هما:

أ. دائرة تحقيق وتدقيق الحسابات: أنشئت هذه الدائرة عام 1928م بوصفها فرعا لديوان مراجعة الحسابات التابع لوزارة المستعمرات البريطاني أيام عهد الانتداب على فلسطين وشرقي الأردن، وألحقت في 16 نيسان 1931م برئاسة الوزراء حيث وضع قانون تدقيق وتحقيق الحسابات الحكومية سواء المتعلقة بالواردات أو النفقات، وكان هدف تلك الرقابة التثبت من صحة تسجيل العمليات، ومن سير الحسابات في مجراها الصحيح ومراعاة القوانين والأنظمة.

ب. ديوان المحاسبة: تحولت دائرة تدقيق الحسابات إلى دائرة مستقلة سميت ديوان المحاسبة، وذلك بمقتضى القانون رقم (28) لسنة 1952م، على أن يتولى الديوان مراقبة واردات الحكومة ونفقاتها وحساب الأمانات والسلف والقروض والتسويات.

ثانياً: قانون ديوان المحاسبة الأردني:

قانون رقم (28) لسنة 1952م وتعديلاته

في 16 نيسان عام 1952م صدر قانون ديوان المحاسبة تحت رقم 28 لسنة 1952م وما زال معمولاً به حتى هذا اليوم مع تعديل طفيف على بعض مواده، ونورد مواد هذا القانون مع تعديلاته، علماً بأن القانون مع تعديلاته هو نطاق دراستنا وتقييمنا:

المادة 1: يسمى هذا القانون (قانون ديوان المحاسبة لسنة 1952) ويعمل به بعد مرور شهر على نشره في الجريدة الرسمية.

المادة 2: تحول دائرة تدقيق وتحقيق الحسابات إلى دائرة مستقلة تسمى (ديوان المحاسبة) وتدخل ميزانيتها في ميزانية الحكومة العامة.

المادة 3: يتولى ديوان المحاسبة المهام التالية:

أ. مراقبة واردات الدولة ونفقاتها وحساب الأمانات والسلفات والقروض والتسويات والمستودعات على الوجه المبين في هذا القانون.

ب. تقديم المشورة في المجالات المحاسبية للأجهزة الرسمية الخاضعة لرقابة الديوان.

المادة 4: تشمل رقابة ديوان المحاسبة الوزارات والدوائر الحكومية والمؤسسات العامة الرسمية والمجالس البلدية والقروية.

المادة 5: يتولى إدارة ديوان المحاسبة رئيس يعين بإرادة ملكية بناء على تنسيب مجلس الوزراء ويبلغ هذا التعيين إلى مجلس النواب ولا يجوز عزله أو نقله أو إحالته على التقاعد أو فرض عقوبة مسلكية عليه إلا بموافقة مجلس النواب المذكور إذا كان المجلس مجتمعاً أو بموافقة الملك بناء على تنسيب مجلس الوزراء إذا كان المجلس غير مجتمع وعلى رئيس الوزراء في هذه الحالة أن يبلغ المجلس عند اجتماعه ما اتخذ من الإجراءات مشفوعة بالإيضاح اللازم.

المادة 6: لا يجوز أن يكون رئيس ديوان المحاسبة عضواً في مجلس الأعيان أو في مجلس النواب.

المادة 7: أ) يعين رئيس ديوان المحاسبة براتب الوزير العامل وعلاوته ويمارس صلاحيات الوزير في تنظيم الديوان وإدارة أعماله ومراقبة إنفاق

مخصصاته وفي تعيين الموظفين وترفيعهم ونقلهم ومنحهم الإجازات وفيما يتعلـق بتطبيـق نظـام الانتقـال والسفر عليهم وإحالتهم على التقاعد واتخاذ الإجراءات التأديبية بحقهم.

ب) عند تغيب رئيس الديوان ينوب عنه في ممارسة صلاحياته وكيل ديوان المحاسبة.

المادة 8: يكون ديوان المحاسبة فيما يتعلق بالواردات مسؤولاً عن:

أ. التدقيق في تحققات الضرائب والرسوم والعوائد المختلفة للتثبت من أن تقديرها وتحقيقها قـد تم وفقاً للقوانين والأنظمة المعمول بها.

ب. التدقيق في معاملات بيوع الأراضي والعقارات الأميرية وتفويضها وتأجيرها.

ج. التدقيق في تحصيلات الواردات على اختلاف أنواعها للتثبت من أن التحصيل قد جرى في أوقاتـه المعينة وفقاً للقوانين والأنظمة المتعلقة بها ومن أن قانـون جبايـة الأمـوال الأميريـة قـد جـرى تطبيقه على المكلفين الذين تخلفوا عن الدفع ومن أن التحصيلات قد دفعت لصندوق الخزينة وقيدت في الفصول والموارد المخصصة لها في الميزانية العامة.

د. التدقيق في معاملات شطب الواردات والإعفاء منها للتثبت من عـدم إجـراء شـطب أو إعفـاء في غير الحالات والأصول المنصوص عليها في القوانين والأنظمة المعمول بها.

المادة 9: يكون ديوان المحاسبة فيما يتعلق بالنفقات مسؤولاً عن:

أ. التدقيق في النفقات للتثبت من صرفها للأغراض التي خصصت لها ومن أن قد تم وفقاً للقوانين والأنظمة.

ب. التدقيق في المستندات والوثائق المقدمة تأييدا للصرف للتثبت من صحتها ومـن مطابقـة قيمتهـا لما هو مثبت في القيود.

ج. التثبت من أن إصدار أوامر الصرف تم حسب الأصول الصحيحة ومن قبل الجهات المختصة.

د. التثبت من أن النفقات قيدت في الفصول والموارد المخصصة لها في الميزانية العامة.

هـ. التثبت من عدم تجاوز المخصصات المرصودة في الميزانيـة إلا بعـد الترخيص بـذلك مـن الجهـات المختصة.

و. التثبت من أسباب عدم الصرف لكل أو بعض المخصصات التي رصدت للأعمال الجديدة.

ز. التثبت من تنفيذ أحكام قانون الميزانية العام وملاحقه، ومـن صحة الأوامر الماليـة والحوالات الصادرة بمقتضاه.

المادة 10: يكون ديوان المحاسبة فيما يتعلق بحسابات الأمانات والسلفات والقروض والتسـويات مسؤولاً عن تدقيق جميع هذه الحسابات للتثبت من صحة العمليات المتعلقة بها ومن مطابقـة قيمتها لما هو مثبت في القيود ومن أنها مؤيدة بالمستندات والوثائق اللازمة ومن اسـترداد السلفات والقروض في الأوقات المعينة لاستردادها مع الفوائد المترتبة للخزينة.

المادة 11: لـرئيس ديوان المحاسبة أو أي موظف مفـوض مـن قبلـه أن يقـوم في أي وقت بالتـدقيق في الحسابات وبتعداد النقد والطوابع الوثائق والمستندات ذات القيمـة واللـوازم في أيـة دائرة وعلى موظفي هذه الدائرة أن يسهلوا مهمته ويقدموا له جميع المعلومات التي يطلبها ولـه أن يلفت نظرهم إلى ما يبدو له من ملاحظات وأن يستوضح منهم عن سبب ما يظهر له من تأخر في إنجاز المعاملات.

المادة 12: لرئيس ديوان المحاسبة أو أي موظف مفوض من قبله أن يدقق في أي مستند أو سجل أو أوراق أخرى مما لم يرد ذكره في المواد السابقة إذا هو رأى لزوماً لذلك وأن يطلع على المعاملات الحسابية والمالية في جميع الدوائر في أي دور من أدوارها سواء في ذلك ما يتعلق منها بالواردات أو النفقات وله حق الاتصال المباشر بالموظفين الموكل إليهم أمر هذه الحسابات ومراسلتهم.

المادة 13: لرئيس ديوان المحاسبة أن يقوم بالتدقيق بصورة تجعله يتأكد من أن الحسابات جارية وفقاً للأصول الصحيحة وأن التدابير المتخذة للحيلولة دون الشذوذ والتلاعب كافية فعالة، وله أن يوجه النظر إلى أي نقص يجده في التشريع المالي أو الإداري وله تعلق بالأمور المالية وأن يتثبت من أن القوانين والأنظمة والتعليمات المتعلقة بالأمور المالية والحسابات معمول بها بدقة، وأن يلفت النظر إلى أي تقصير أو خطأ في تطبيقها وأن يبين رأيه في كفاية الأنظمة والتعليمات لتحقيق أغراض القوانين المالية.

المادة 14: لرئيس ديوان المحاسبة أن يطلع على جميع التقارير والمعلومات الواردة من المفتشين سواء أكانوا ماليين أو إداريين وله تعلق بالأمور المالية، وعلى تقارير التحقيق في المخالفات التي لها مساس بالأمر المالية، أن يطلب تزويده بكل ما يريد الاطلاع عليه من معلومات وإيضاحات من جميع دوائر الحكومة، مما له مساس بأعمال دائرته.

المادة 15: يقوم ديوان المحاسبة بالتدقيق في الحسابات في مكاتبه أو في مكاتب الدائرة ذات العلاقة، أو في ميدان العمل حسبما يقرر رئيس الديوان، وعلى هذه الدائرة أن تهيئ المكان اللازم لموظفي الديوان في مكاتبها عندما يطلب إليها ذلك، وأن تقدم لهم من وسائل الراحة والخدمات الدائرة المختلفة مثلما تقدم لموظفيها.

المادة 16: على أي جهة من الجهات الخاضعة لرقابة ديوان المحاسبة الإجابة على أي استيضاح يوجهه إليها الديوان ضمن نطاق مهامه وذلك خلال مدة لا تتجاوز الثلاثين يوماً اعتباراً من تاريخ وصوله إلى تلك الجهة إذا كان مركز عملها في داخل المملكة ولا تتجاوز ستين يوماً إذا كان مركز عملها خارجها.

المادة 17: إذا رفض أي شخص السماح لرئيس ديوان المحاسبة أو لأي موظف مفوض من قبله بإجراء التدقيق والفحوص المصرح بها بمقتضى هذا القانون يحق للرئيس أو الموظف المذكور أن يشمع الصناديق أو الخزائن أو المحلات الأخرى التي توجد الأشياء والحسابات المراد فحصها وتدقيقها بالشمع الأحمر وأن يختمها بالخاتم الرسمي، وله في حالة ممانعة ذلك الشخص أن يستدعي أفراد المطابقة العدلية ويستعين بهم لتنفيذ هذه العملية ولحراسة الأمكنة المختومة إلى أن يبت فيها بموافقة رئيس الديوان المذكور.

المادة 18: إذا أقدم أي شخص على فك الختم الموضوع بالصورة المذكورة في المادة السابقة يعاقب بمقتضى قانون العقوبات.

المادة 19: يعتبر الشخص الذي يرفض السماح لموظفي ديوان المحاسبة بإجراء وظائفهم بالصورة المبينة في المادة (17) من هذا القانون ممانعاً إياهم من أداء واجباتهم الرسمية ويعاقب بمقتضى قانون العقوبات بالإضافة إلى الإجراءات التأديبية المنصوص عليها في أنظمة الموظفين.

المادة 20: يكون الضبط الذي ينظمه رئيس ديوان المحاسبة أو أي موظف مفوض من قبل مصدقاً ومعمولاً به ما لم يثبت عكسه.

المادة 21: ا. يقدم رئيس ديوان المحاسبة تقريراً سنوياً عن الحساب الخاص بكل سنة مالية يبسط فيه ملاحظاته ويقدمه إلى مجلس النواب ويرسل

صوراً عنه إلى رئيس الوزراء ووزير المالية وعليه أن يضمن هذا التقرير ملاحظاته عن الدوائر والمؤسسات التي كلف التدقيق في حساباتها بمقتضى ـ المادة الرابعة ـ من هذا القانون مع بيان المخالفات المرتكبة والمسؤولية المترتبة عليها وذلك في بدء كل دورة عادية أو كلما طلب مجلس النواب منه ذلك.

2. لرئيس ديوان المحاسبة في أي وقت أن يقدم لمجلس النواب تقارير خاصة يلفت فيها نظره إلى أمور يرى أنها من الخطر والأهمية بحيث تستلزم تعجيل النظر فيها..

3. على وزارة المالية أن تقدم لديوان المحاسبة حساباً ختامياً من حسابات كل سنة مالية اعتباراً من السنة المالية 1962/ 1963م خلال مدة لا تزيد عن أثني عشر شهراً من تاريخ انتهاء السنة المالية.

المادة 22: إذا وقع خلاف في الرأي بين الديوان وإحدى الوزارات أو الدوائر يعرض موضوع الخلاف على مجلس الوزراء للفصل فيه، وعلى رئيس الديوان أن يضمن تقريره إلى مجلس النواب المسائل التي وقع الخلاف حولها.

المادة 23: لرئيس ديوان المحاسبة صلاحية إصدار التعليمات لتنظيم سير الأعمال في الديوان ووضع الدليل اللازم لذلك.

المادة 24: يحق لرئيس ديوان المحاسبة بموافقة رئيس الوزراء أن يقرر التدقيق في النفقات قبل الصرف.

المادة 25: لمجلس الوزراء بناء على تنسيب رئيس ديوان المحاسبة أن يضع الأنظمة اللازمة لتنفيذ أحكام هذا القانون.

المادة 26: يلغى قانون تدقيق وتحقيق الحسابات لسنة 1931م المنشور في العدد (460) من الجريدة الرسمية وأي قانون آخر أردني أو فلسطيني إلى المدى الذي يتعارض فيه مع هذا القانون.

المادة 27: هيئة الوزارة مكلفة بتنفيذ أحكام هذا القانون.

ثالثاً: تقييم ديوان المحاسبة الأردني من وجهة نظر الاقتصاد الإسلامي:

بعد دراسة متأنية لمواد ديوان المحاسبة الأردني ارتأيت أن أسجل مقترحات، وملاحظات آملا بالأخذ بها، أضعها بين يدي أصحاب القرار، للارتقاء بدور ديوان المحاسبة الأردني، ولأن يتمشى مع الشريعة الإسلامية للمحافظة على المال العام الذي هو عصب الحياة الاقتصادية.

أولاً: ينبغي أن تكون مواد قانون ديوان المحاسبة الأردني مشمولة ومحاطة بضابط الشرعية الإسلامية، لذا يجب أن تضاف مادة أساسية بأن تكون القوانين والتعليمات والتوجيهات وكل ما يصدر عن ديوان المحاسبة منسجما مع أسس ومبادئ الشريعة الإسلامية.

ثانياً: استقلال ديوان المحاسبة وحياده وعدم تبعيته للسلطة التنفيذية، بل يكون تعيينهم من قبل ولي الأمر ولا يحق له عزلهم إلا إذا توفرت أسباب العزل.

ويستند الحياد والاستقلال إلى دعائم تتمثل في الآتي:

أ. **التعيين**: يجري تعيين رئيس ديوان المحاسبة الأردني كما أشارت المادة (5) من القانون بإرادة ملكية سامية بناء على تنسيب مجلس الوزراء، وبذلك خضع المراقب للمراقب، وسلب رئيس الديوان استقلاله، ولعل مما يدعم الاستنتاج هذا ما أشارت إليه المادة (22) من قانون ديوان المحاسبة من أنه إذا وقع خلاف في الرأي بين الديوان وإحدى الوزارات أو الدوائر يعرض موضوع الخلاف على مجلس الوزراء للفصل فيه.

ب. **تحديد المخصصات (الميزانية):** إن تحديد مخصصات الـديوان واعتبار موازنتـه جـزءاً مـن موازنـة الدولة العامة، يشكل منفذاً آخر للنيل من حيـاد الـديوان واسـتقلاله وهـو مـا أشـار إليـه التقرير التاسع والعشرون للديوان سنة 1980م (ص 14) بقوله: "... وهو مـا وقف حـائلاً أمـام اجتـذاب الديوان العناصر المؤهلة والارتفاع بمستوياتهم الفنية والمسلكية والحصول على أداء أنجع وخدمات أفضل".

ج. **نطاق المراقبة:** تم تقييد حق الديوان في رقابة النفقات قبل الصرف بموافقة رئيس الـوزراء حسـب نص المادة (24) من قانون الديوان، أضف إلى ذلك ما نصت عليه المادة (4) من أنه يجـوز لمجلـس الوزراء تكليف ديوان المحاسبة مراقبة حسـابات الـدوائر والمؤسسـات التـي لا تـدخل ميزانيتها في ميزانية الحكومة، مع أن الأساس أن يوسع نطاق عمل الديوان ليشمل المال العام أينما كان وحيـث وجد وأن يجري عليه رقابة سابقة ولاحقة وأثناء تنفيذ المعاملة المالية.

د. **العزل:** لا يمكن لديوان المحاسبة أن يمارس رقابة حقيقية على أعمال السلطة التنفيذية طالما كانت ناصية الديوان بيدها ولا تسمح لـه بالحركة إلا في الحـدود التـي تحـددها وضمن المسـالك التـي ترسمها، فإذا كان تعيين رئيس الـديوان منوطاً بـرئيس الـوزراء وكـذلك عزلـه، فإن حيـاد الـديوان واستقلاله لا وجود لهما.

وبناء على ما سبق يجب أن لا يتبع ديوان المحاسبة الأردني للسلطة التنفيذية وإنما لولي الأمر مباشرة وإن تعذر ذلك يكون تبعيته إلى السلطة التشريعية (مجلس النـواب) وذلك ليتمكن مـن مراقبـة الـوزراء ورؤساء المصالح والدوائر بدون خوف أو تردد أو تأثير.

ثالثاً: وبناء على النقطة السابقة - يجب أن تتبع الرقابة الداخلية (وهي الهيئات التي تمارس الرقابة على تنفيذ القرارات الإدارية من الناحية المالية داخل الأجهزة التنفيذية) إلى ديوان المحاسبة مباشرة فنياً ومالياً لا أن ترتبط بالمستويات الإدارية الداخلية في الأجهزة التنفيذية، وذلك ليتسنى لهم تحقيق رقابة حقيقية دون خوف أو تردد.

رابعاً: تعزيز وتفعيل الرقابة الذاتية القائمة على قوة الوازع الديني، والتي تعتبر خط الدفاع الأول الذي يحمي المال العام، لأنه إذا تحطمت كل القلاع التي تحميه وبقي هذا الحصن قائماً منيعاً، فلن تسمح النفس لذاتها باختلاس شيء منه بل وتمنع الغير من التعدي عليه، أما إذا انهار هذا الحصن فما أسرع ما تتهاوى كل القلاع والحصون التي تبنى لحمايته.

فهي ضرورية ولا يمكن الاستغناء عنها، لأنه مهما بلغت النظم التي يضعها الإنسان من الدقة والتنظيم، فإنها تبقى عاجزة عن بلوغ الكمال ولا تخلوا من الثغرات.

خامساً: تعزيز وتفعيل الرقابة الشعبية على غرار التي كانت في صدر الإسلام، لأن منع الانحراف ليس بأجهزة الرقابة فقط ولكن في أن يكون لسلطة الشعب سلطات فوق السلطة التنفيذية.

والرقابة الشعبية تتمثل إما في مجالس منتخبة أو في أفراد تشعر بمسؤوليتها تجاه دينها ونفسها ومجتمعها.

ولهذا يجب أن يمارس مجلس النواب الأردني دوره في حماية المال العام من الهدر والضياع، ولن يأخذ دوره كاملاً في إحكام رقابته الحقيقية إلا إذا توفرت في أعضائه الخبرة والعلم ومراقبة الله عز وجل.

سادساً: العمل على دقة اختيار رجال الرقابة ممـن تتـوافر فيهـم الخـبرة والعلـم والمشـهود لهـم بالأمانـة والإخلاص، كما على ديوان المحاسبة وضع خطط تدريبيـة للعـاملين في الإدارة الماليـة – بمـا فيهـم المراقب المالي – بما يحسِّن مستوى كفاءتهم وسلوكهم الوظيفي.

لهذا ينبغي أن يعطى لديوان المحاسبة استقلالية في إصدار نظام خـاص لموظفيـه، لا أن يبقـى خاضعاً لديوان الخدمة المدنية، وللأمزجة الشخصية في تعبئة الشواغر.

سابعاً: أن يعطى لديوان المحاسبة سلطة تنفيذ الأحكام والقرارات وقتياً إذا توفرت أدلة الإدانة، وأن ينص على تدابير زاجرة تحول دون العبث بالمال العام وإهـداره، ويستحسـن إنشـاء محكمـة قضائيـة تتبع ديوان المحاسبة للنظر في قضايا المخالفات المالية من رشوة وتزوير واختلاس وغيرها.

ثامناً: يلاحظ أن ديوان لمحاسبة يركز على الرقابة اللاحقة (التصحيحية) التي تـتم بعـد حـدوث الانحراف المالي، وهذا يحمل الإدارة أعباء مالية زائدة، إضافة إلى عـدم فعاليـة هـذا النـوع مـن الرقابـة في القضاء على الانحراف المالي بشكل نهائي.

لهذا ينبغي التركيز على الرقابة السابقة، والتي يطلق عليها الرقابة المانعـة، لأنهـا تمنـع أو تحـد مـن وقوع الخطأ أو استمراره أو تلافيه قبل وقوعه أولا بأول.

كما ينبغي التركيز على الرقابة أثناء التنفيذ (المتزامنة)، بحيث تؤدي إلى اكتشاف الخطأ أو الانحراف خلال فترة قصيرة من حدوثه وتساهم بذلك في تداركه ومعالجته وعدم استمراره.

تاسعاً: ينبغي أن يخضع للرقابة من خلال ديوان المحاسبة كل مسؤول – يقع تحت يده المال العـام – وفي أي مستوى من المستويات التنظيمية، فالمسؤول مهما

كان لا يعفى من المحاسبة إن أخطأ في التصرف بالمال العام، ولنا في الرسول صلى الله عليه وسلم وصحبه أبي بكر وعمر وعثمان وعلي رضوان الله عليهم خير أسوة وقدوة.

عاشراً: أن يتضمن نصوصا توسع اختصاص ديوان المحاسبة من حيث بسط رقابته على جميع الهيئات التي تتعامل بالمال العام، فحيثما وجد المال العام ومهما كان مقداره، سواء كان في دائرة حكومية أو مؤسسة رسمية أو شركة تساهم فيها الدولة، وأن تشمل الرقابة أيضاً كل المرافق التي تؤدي خدمة عامة.

حادي عشر: ضرورة إشراك ديوان المحاسبة في إبداء الرأي والمشورة سواء في سن القوانين التي تتعلق بالمال العام أو في جدوى المشاريع الاقتصادية التي يشارك فيها المال العام.

ثاني عشر: على ديوان المحاسبة أن يتطور ليكون منسجماً مع أحدث الأساليب للرقابة المالية التي يقتضيها التقدم العلمي والاقتصادي والاجتماعي، وتوسع مجال تدخل الدولة في المشاريع التنموية في مجال الاستثمار والإنتاج. فما زال قانون ديوان المحاسبة ينص على الرقابة التقليدية (المحاسبية والقانونية)، مما جعل جهد الديوان ينصب بشكل رئيسيـ على إجراءات المراجعة والتدقيق المحاسبي، في حين نجد الرقابة المالية في النظام الاقتصادي الإسلامي رقابة شاملة، تشمل الرقابة الاقتصادية ورقابة الأداء والرقابة الإدارية، بالإضافة إلى وجود رقابة شرعية، والرقابة الشاملة تهدف إلى التأكد من سلامة الأموال العامة والمحافظة عليها ورفع كفاءة استخدامها وتحقيق الفعّالية من النتائج المتحققة.

مراجع الملحق

قانون ديوان المحاسبة رقم 28 لسنة 1952 وتعديلاته

1. لينا صدقي الرمحي

ديوان المحاسبة بين الأمس واليوم، (د.ن)، (د.م)، (د.ط)، (د.ت).

2. حسين سلامة الحياري

معوقات العمل لدى ديوان المحاسبة الأردني وسبل معالجتها.

بحث مقدم إلى برنامج الإدارة العليا الثامن المنعقد في معهد الإدارة العامة الأردني في الفترة 1990/1/13م – 1990/3/21م.

3. ممدوح موسى العوران

دور ديوان المحاسبة في الرقابة على المال العام.

بحث مقدم إلى برنامج الإدارة العليا – القطاع المالي المنعقد في معهد الإدارة العامة الأردني في الفترة 1995/9/9م – 1995/11/15م.

4. أحمد رضوان عربيات

دور ديوان المحاسبة الأردني في فحص وتقييم أنظمة الرقابة الداخلية في الأجهزة الحكومية التي يراقب عليها.

بحث مقدم إلى برنامج الإدارة العليا المنعقد في معهد الإدارة العامة الأردني في الفترة 1997/8/30م – 1997/10/29م.

5. د. خالد أمين عبد الله و د. يوسف سعادة.

تقييم أداء ديوان المحاسبة الأردني وجهة نظر تنموية.

بحث نشر في مجلة دراسات الجامعة الأردنية 1984م.

الخاتمة

الحمد لله الذي بنعمته تتم الصالحات، وتتجلى بنوره الظلمات، والصلاة والسلام على سيد المرسلين، ورضي الله عن صحابته الطيبين الطاهرين... وبعد:

فلقد مَنَّ الله عليّ بنعمة البحث في بطون الكتب لتجلية موضوع الرقابة المالية في النظام الاقتصادي الإسلامي، فكان لي أن خرجت من خلاله بالنتائج والتوصيات التالية:

أولاً: النتائج:

1. إن النظام الاقتصادي الإسلامي قد عرف الرقابة المالية منذ نشأته الأولى، وأحاط بكلياتها ومظاهرها في شمول وفاعلية، لم تصل إليها أنظمة الرقابة المالية الوضعية القديمة أو المعاصرة، وهو الأمر الذي يعزى إلى الذاتية الخاصة للنظام الإسلامي وجوانبه الروحية السامية التي يمتد أثرها إلى بناء المسلم والمجتمع الإسلامي بحيث تقيم داخلهما وازعاً طبيعياً تلقائياً، يجعل الخضوع والالتزام بالشرعية الإسلامية يسود ويحكم تصرفات أفراد المجتمع الإسلامي.
2. إن الرقابة المالية في النظام الاقتصادي الإسلامي تتميز بالمرونة والقدرة على الاستجابة السريعة والملاءمة لكل ما قد يستجد من متغيرات، التي تطرأ على المال العام إيراداً وإنفاقاً في كل عصر ومكان إلى أن يرث الله الأرض ومن عليها.
3. - وبناء على النقطة السابقة - تطورت الرقابة المالية في النظام الاقتصادي حسب الحاجة والظروف الاقتصادية والمالية والاجتماعية للدولة الإسلامية، حيث أعطى الإسلام الرقابة الذاتية الأولوية الأولى وهي تشكل رقابة وقائية

مانعة ضد الانحراف المالي وهي ميزة تميز بها النظام الاقتصادي الإسلامي عن غيره مـن الأنظمة الوضعية، وبقيت الرقابة الذاتية هي الوسيلة الفعّالة طوال عهد الرسول صـلى الله عليه وسلم وخلفائه الراشدين وذلك بسبب قوة الوازع الديني لدى الفرد المسلم في ذلك الوقت.

وبعد وفاة الرسول صلى الله عليه وسلم وانتهاء الخلافة الراشدة تغيرت الظروف ولم تعد رقابة الضمير كافية لضبط المالية العامة، وبالتالي ظهرت وسائل ومؤسسات رقابية أخرى ناسبت متطلبات العصور اللاحقة للدولة الإسلامية.

4. إن فاعلية الرقابة المالية في النظام الاقتصادي الإسلامي في تحقيق النتائج والأهداف المنشودة للمحافظة على المال العام، تتوقف على طبيعة القيم والأخلاقيات السائدة وبقوة الـوازع الـديني، فتتزايد هذه الفاعلية كلما تميزت القيم والأخلاقيات السائدة في المجتمع بالسمو وقوة الـوازع الديني في حين تتقلص هذه الفاعلية كلما ضعف الوازع الديني وتدنت القيم والأخلاقيات السائدة.

5. اهتم النظام الاقتصادي الإسلامي بالمال العام ودعا إلى رقابته إيراداً وإنفاقاً وحفظاً، وذلك للـدور الفعّال الذي يسهم به المال العام في إسعاد الناس وتحقيق النفع لهم، لذلك فقد اعتبره الإسلام مـن الضروريات الخمس، والتي بها قوام الحياة، وفي هـذا المعنـى يقول الشـاطبي – رحمـه الله - : "فمعناها أنها لا بد منها في قيام مصالح الدين والدنيا بحيث إذا فقدت لم تجرِ مصالح الـدنيا علـى استقامة، بل على فساد وتهارج وفوت حياة، وفي الأخرى فوت النجاة والنعيم والرجـوع بالخسـران المبين".

6. الرقابة المالية في النظام الاقتصادي الإسلامي تعني: عملية تقوم بها جهات معينة لمراقبة المال العـام إيراداً وإنفاقاً، وفقاً لمعايير الشريعة الإسلامية،

وبإدارة رشيدة، وبكفاية اقتصادية عالية. فهي رقابة مالية شرعية في المقام الأول بالإضافة إلى أنها رقابة مالية إدارية واقتصادية.

7. الرقابة المالية على المال العام في النظام الاقتصادي الإسلامي فريضة شرعية وضرورة بشرية، أمرت بها النصوص الشرعية من القرآن الكريم والسنة المطهرة، واقتضتها طبيعة ملكية المال في الإسلام بأنه ضرورة إنسانية وبنفس الوقت أمانة في يد البشر- يتطلب التصرف فيها وفق إرادة المالك الأصلي وهو الله عز وجل.

8. يكشف تتبع الرقابة المالية في النظام الاقتصادي الإسلامي عن تفردها بملامح متميزة عن سائر الأنظمة الرقابية المالية الأخرى سواء فيما يتعلق بأهدافها أو أنواعها أو وسائلها، بما يضفي عليها أبعاداً جوهرية في تكريس الإحاطة والشمول والفاعلية في تنظيمها.

9. النظام الاقتصادي الإسلامي يتضمن نوعاً من الرقابة لا تعرفه الأنظمة الوضعية وهو ما يطلق عليه الرقابة الذاتية التي هي بمثابة صمام الأمان وخط الدفاع الأول في مواجهة الانحراف المالي بشتى صوره ومظاهره من سرقة واختلاس وضياع وغيره، وقد عنى النظام الاقتصادي الإسلامي بإيجاد الوسائل الكفيلة بتحقيق الفاعلية للرقابة الذاتية من خلال ضمير المسلم ليصبح رقيباً على نفسه وحارساً على المال العام.

10. أجهزة الرقابة المالية في النظام الاقتصادي الإسلامي متعددة ومتنوعة يستدرك بعضها نقص البعض الآخر، والأجهزة تلك أثبتت فعاليتها وقدرتها لحماية المال العام من الهدر والإسراف والضياع.

11. أوجب الإسلام تولية الكفء الصالح والجدير بوظيفة المراقب، ووضع شروطاً معينة فيمن يشـغلها على نحو تكفل بالمحافظة على المال العام والقيام بمهمة الرقابة على أحسن وجه.

12. الرقابة على المال العام في الاقتصادي الإسلامي تمتـاز بشـمولها وتكاملهـا، وبالتـالي تنوعت إلى رقابة مالية سابقة وأثناء التنفيذ ولاحقة، والحديث عنها لا يعني استقلالية كل نوع من الأنواع، بل إن تعدد مسمياتها وأنواعها جاءت نتيجة للزاوية التي ينظر منها.

ثانياً: التوصيات:

- كشفت دراستي عن تفوق النظام الاقتصادي الإسلامي في مجـال الرقابـة الماليـة عـلى المـال العـام، وهذا يستدعي الإسراع في تطبيقه، لأن من شأن ذلك المحافظة عـلى المـال العـام الـذي يعتـبر قـوام الحياة الاقتصادية.

- العمل على إحياء وتفعيل دور المؤسسات الرقابيـة عـلى المـال العـام، بشـكل فعّـال ومسـتقل عـن السلطة التنفيذية لتؤدي دورها في المحافظة على المال العام من الهدر والضياع.

- نوصي المسؤولين على المال العام بمراقبة الله عز وجل في السر والعلن، لأن انعدام تلك الرقابة يـؤدي إلى الخلل وبالتالي لن تجدي أية رقابة أخرى ولن تؤتي ثمارهـا، إلا إذا تـوفرت الرقابـة الذاتيـة عـلى المال العام.

- نوصي أولي الأمر بتفعيل نظام الحافز للمتميزين في صيانتهم وحمايتهم للمال العام، والأخذ على يد المعتدين عليه بعقوبات صارمة وحازمة لردعهم وبدون تمييز بين القوي والضعيف.

وأخيراً...

لا أدعي أنني قتلت الموضوع بحثاً وإنما أقول هذا ما يسّره لي ربي من سبل الاطلاع والمعرفة، فإن أحسنت فالحمد لله الذي لا يحمد على نعمة سواه، وإن أسأت فأسأله سبحانه أن يسدد خطاي لما يحبه ويرضاه.

وآخر دعوانا أن الحمد لله رب العالمين

سبحانك اللهم وبحمدك، أشهد أن لا إله إلا أنت، أستغفرك وأتوب إليك

سبحان ربك رب العزة عما يصفون وسلام على المرسلين والحمد لله رب العالمين

المصادر والمراجع

1. القرآن الكريم.

2. إبراهيم أنيس وآخرون، المعجم الوسيط، دار المعارف – مصر، ط 2 (د.ت).

3. إبراهيم دسوقي: الدكتور، الحسبة في الإسلام، مكتبة دار العروبة – القاهرة، ط1 سنة 1382 هـ

4. أحمد أبو سن: الدكتور، الإدارة في الإسلام، المطبعة العصرية – دبي، (د. ط) سنة 1981م.

5. أحمد الحصري: الدكتور، السياسة الاقتصادية والنظم المالية في الفقه الإسلامي، دار الكتاب العربي – بيروت ط1 سنة 1986م.

6. أحمد محمد العسال: الدكتور، النظام الاقتصادي في الإسلام مبادئه وأهدافه، مكتبة وهبه – القاهرة، (د. ط) سنة 1996م.

7. ابن الأخوة: محمد بن محمد بن أحمد القرشي، معالم القربة في أحكام الحسبة، الهيئة المصرية العامة للكتاب – القاهرة، (د. ط) سنة 1976م.

8. الألباني: محمد ناصر الدين، ضعيف سنن أبي داود، أشرف عليه زهير الشاويش، مكتب التربية العربية لدول الخليج – الرياض، ط1 سنة 19991م.

9. الألباني: محمد ناصر الدين، إرواء الغليل في تخريج أحاديث منار السبيل، المكتب الإسلامي – بيروت، ط1، سنة 1985م.

10. أمين عبد المعبود زغلول: الدكتور، المال واستثماره في ميزان الشريعة، مطبعة الأمانة – مصر، ط1 سنة 1991.

11. البلاذري: أبو الحسن أحمد بن يحيى بن جابر، فتوح البلدان، دار الكتب العلمية - بيروت، (د. ط) سنة 1983م.

12. البهي الخولي، الثروة في ظل الإسلام، (د.ن) ط3 سنة 1972م.

13. البيهقي: أبو بكر أحمد بن الحسين، السنن الكبرى، مطبعة مجلس دائرة المعارف - حيدر آباد، ط1 سنة 1344هـ

14. الترمذي: أبو عيسى محمد بن عيسى، الجامع الصحيح المعروف بسنن الترمذي، دار إحياء التراث العربي - بيروت، ط1 (د.ت).

15. ابن تيمية: شيخ الإسلام تقي الدين أبو العباس أحمد، السياسة الشرعية في إصلاح الراعي والرعية، تحقيق لجنة التراث العربي - دار الآفاق الجديدة، ط2 سنة 1988م.

16. ابن تيمية: شيخ الإسلام تقي الدين أبو العباس أحمد، مجموع فتاوي شيخ الإسلام ابن تيمية، جمع وترتيب عبد الرحمن بن محمد وابنه، الرئاسة العامة لشؤون الحرمين الشريفين - مكة، (د. ط) سنة 1404هـ

17. ابن تيمية: شيخ الإسلام تقي الدين أبو العباس أحمد، الأموال المشتركة، دراسة وتحقيق الدكتور ضيف الله الزهراني، مكتبة الطالب الجامعي - مكة المكرمة، ط1 سنة 1986م.

18. الجاحظ: عمرو بن بحر، التاج في أخلاق الملوك، تحقيق ونشر دار الفكر - بيروت، (د.ط) سنة 1955م.

19. جمال عبده: الدكتور، دور المنهج الإسلامي في تنمية الموارد البشرية، دار الفرقان - عمان، ط1 سنة 1984م.

20. الجهشياري: أبو عبد الله محمد بن عبدوس، الوزراء والكتاب، تحقيق مصطفى السقا وزميله، (د. ن) - (د.م)، ط11 سنة 1938م.

21. ابن الجوزي: الحافظ جمال الدين أبو الفرج عبد الرحمن بن علي، سيرة ومناقب عمر بن عبد العزيز، تحقيق الدكتور السيد الجميلي، دار مكتبة الهلال - بيروت، ط 1 سنة 1985م.

22. الجويني: عبد الملك بن عبد الله محمد، الإرشاد إلى قواطع الأدلة في الاعتقاد، مكتبة الخانجي - مصر، (د.ط) سنة 1950م.

23. الحاكم: أبو عبد الله النيسابوري، المستدرك على الصحيحين، دار الكتاب العربي - بيروت، (د. ط)، (د.ت).

24. ابن حجر العسقلاني: أبو الفل شهاب الدين أحمد بن علي، فتح الباري بشرح صحيح البخاري، دار إحياء التراث العربي - بيروت، ط3 سنة 195م.

25. حسن إبراهيم حسن: الدكتور، النظم الإسلامية، مكتبة النهضة المصرية - القاهرة، (د.ط) سنة 1970م.

26. حسن إبراهيم حسن: الدكتور، تاريخ الإسلام، دار الجيل - بيروت، ط14 سنة 1996م.

27. الحسن بن عبد الله، آثار الأول في ترتيب الدول، مطبعة بولاق - مصر، (د. ط) سنة 1290 هـ

28. حمدان الكبيسي: الدكتور، أصالة نظام الحسبة العربية الإسلامية، وزارة الثقافة والإعلام - بغداد، ط1، سنة 1989م.

29. حمدي القبيلات: الدكتور، الرقابة الإدارية والمالية على الأجهزة الحكومية، مكتبة دار الثقافة - عمان، (د. ط)، (د.ت).

30. ابن حنبل: أحمد، المسند، شرحه وصنع فهارسه أحمد محمد شاكر، دار الحديث - القاهرة، ط1 سنة 1995م.

31. أبو حيان: محمد بن يوسف، البحري المحيط، دار الفكر – بيروت، (د.ط) سنة 1992م.

32. خالد الظاهر: الدكتور، نظام الحسبة، دراسة في الإدارة الاقتصادية للمجتمع العربي الإسلامي، دار المسيرة للنشر – عمان، ط1 سنة 1997م.

33. خوله شاكر: الدكتورة، بيت المال نشأته وتطوره، مطبعة وزارة الأوقاف – بغداد، ط1 سنة 1976م.

34. ابن خلدون: عبد الرحمن بن محمد، مقدمة ابن خلدون، مؤسسة الأعلمي للمطبوعات – بيروت، (د. ط)، (د.ت).

35. أبو داود: سليمان بن الأشعث السجستاني، سنن أبي داود، ضبطه محيي الدين عبد الحميد، دار إحياء التراث – بيروت، (د.ط)، (د.ت).

36. الدوري: الدكتور عبد العزيز، النظم الإسلامية، بيت الحكمة – بغداد، (د.ط) سنة 1988م.

37. ابن رجب الحنبلي، الاستخراج في أحكام الخراج، دار المعرفة – بيروت، لبنان، (د.ط) سنة 1979م.

38. الزبيدي: محمد بن محمد الحسيني، إتحاف السادة المتقين بشرح أحياء علوم الدين، دار الكتب العلمية – بيروت، لبنان، ط1 سنة 1989م.

39. ابن سعد: محمد، الطبقات الكبرى، دار صادر – بيروت، (د.ط)، (د.ت).

40. سعيد البسيوني: الدكتور، الحرية الاقتصادية في الإسلام وأثرها في التنمية، دار الوفاء للطباعة والنشر – المنصورة، (د.ط)، (د.ت).

41. سعيد عبد المنعم الحكيم: الدكتور، الرقابة على أعمال الإدارة في الشريعة الإسلامية والنظم الوضعية، دار الفكر – القاهرة، ط1 سنة 1975م.

42. سليمان بن إبراهيم: الدكتور، المال في القرآن لكريم "دراسة موضوعية"، دار المعراج الدولية للنشرـ - الرياض، ط 1 سنة 1995م.

43. سليمان الطماوي: الدكتور، عمر بن الخطاب وأصول السياسة والإدارة الحديثة، دار الفكر العربي – القاهرة، ط1، سنة 1969م.

44. السيد عطية عبد الواحد: الدكتور، السياسة المالية والتنمية الاقتصادية والاجتماعية "دراسة مقارنة"، دار النهضة العربية – القاهرة، ط1 سنة 1991م.

45. الشاطبي: أبي إسحاق بن موسى اللخمي، الموافقات في أصول الأحكام، دار الفكر – بيروت، (د. ط)، (د.ت).

46. شوقي الساهي: الدكتور، مراقبة الموازنة العامة للدولة في ضوء الإسلام، (د، ن)، ط1 سنة 1983م.

47. الشوكاني: محمد بن علي بن محمد، نيل الأوطار شرح منتقى الأخبار من أحاديث سيد الأبرار، دار الكتب العلمية – بيروت، ط1 سنة 1983م.

48. صبحي الصالح: الدكتور، النظم الإسلامية نشأتها وتطورها، دار العلم للملايين – بيروت، ط 2 سنة 1968م.

49. صبحي الصالح: الدكتور، نهج البلاغة، دار الكتب اللبناني – بيروت، (د.ط) سنة 1980م.

50. ابن طباطبا: محمد بن علي، الفخري في الآداب السلطانية، دار صادر – بيروت، (د.ط) سنة 1966م.

51. الطبري: محمد بن جرير، تاريخ الأمم والملوك، تحقيق محمد أبو الفضل إبراهيم – بيروت، ط2 سنة 1967م.

52. ابن عاشور: محمد الطاهر، تفسير التحرير والتنوير، الدار التونسية – تونس، (د. ط)، (د.ت).

53. عامر الكبيسي: الدكتور، الإدارة العربية الإسلامية، كلية الإدارة والاقتصاد - جامعة بغداد، (د.ط)، (د.ت).

54. عبد الله إبراهيم الكيلاني: الدكتور، القيود الواردة على سلطة الدولة في الإسلام، دار البشري مؤسسة الرسالة - عمان، ط 1 سنة 1997م.

55. عبد الله بن أحمد قادري: الدكتور، الكفاءة الإدارية في السياسة الشرعية، دار المجتمع للنشر - جدة، ط1 سنة 1986م.

56. عبد الله محمد عبد الله: الدكتور، ولاية الحسبة في الإسلام، مكتبة الزهراء - مصر، ط1 سنة 1996م.

57. عبد القديم زلوم، الأموال في دولة الخلافة، دار العلم للملايين - بيروت، ط 1 سنة 1983م.

58. عبد الكريم بركات: الدكتور، الاقتصاد المالي في الإسلام، دراسة مقارنة، مؤسسة شباب الجامعة - مصر، (د.ط)، (د.ت).

59. عبد الكريم الخطيب: الدكتور، السياسة المالية في الإلام، دار المعرفة - بيروت، ط 2 سنة 1975م.

60. عبد المنعم حسنين: الدكتور، الإنسان والمال في الإسلام، دار الوفاء للطباعة والنشر - المنصورة، ط 1 سنة 1984م.

61. عبد الوهاب خلاف، السياسة الشرعية أو نظام الدولة الإسلامية، دار الأنصار - القاهرة، (د.ط) سنة 1977م.

62. أبو عبيد: قاسم بن سلام، الأموال، تحقيق وتعليق محمد خليل هراس، دار الفكر - القاهرة، (د.ط) سنة 1981م.

63. العقاد: عباس محمود، عبقرية عمر، دار الهلال، (د.ط)، (د.ت).

64. علي محمد حسنين: الدكتور، رقابة الأمة على الحكـام دراسـة مقارنة، المكتـب الإسلامـي – بـيروت، ط1، سنة 1988م.

65. علي محمد حسنين: الدكتور، الرقابة الإدارية في الإسلام دراسة مقارنة، دار الثقافة للنشر والتوزيع – القاهرة، ط1 سنة 1984م.

66. عوف كفراوي: الـدكتور، الرقابـة الماليـة في الإسلام، مؤسسة شباب الجامعة – مصر ط 1 سنة 1983م.

67. عوف كفراوي: الدكتور، سياسة الإنفاق العام في الإسلام، مؤسسة شباب الجامعة – الإسكندرية، (د.ط) سنة 1989م.

68. عيسى الباروني، الرقابة المالية في عهـد الرسول صـلى الله عليـه وسـلم والخلفـاء الراشدين، جمعيـة الدعوة الإسلامية العالمية – طرابلس – ليبيا، ط1 سنة 1986م.

69. الغزالي: أبي حامد محمد بن محمد، إحياء علوم الدين، دار المعرفة – بيروت، (ط. ط)، (د.ت).

70. فاروق سعيد مجدلاوي: الدكتور، الإدارة الإسلامية في عهد عمر بن الخطـاب، دار مجدلاوي للنشر والتوزيع – الأردن، ط1 سنة 1991م.

71. فرج محمد الهوني: الدكتور، النظم الإدارية والمالية في الدولـة العربيـة الإسـلامية، (د.ن)، ط1 سـنة 1976م.

72. فهمي محمود شكري: الدكتور، الرقابة المالية العليا، دار مجدلاوي للنشر – الأردن، ط 1 (د.ت).

73. فؤاد العطار: الدكتور، مبادئ الإدارة العامة، دار النهضة العربية – القاهرة، ط 1 سنة 1978م.

74. الفيروز أبادي: محيي الدين محمد بن يعقوب، القاموس المحيط، تحقيق مؤسسة الرسالة – بيروت، ط 2 سنة 1987م.

75. قدامة بن جعفر، الخراج وصناعة الكتابة، دراسة وتحقيق مصطفى الحياري، الناشر الجامعة الأردنية سنة 1986م.

76. القرشي: يحيى بن آدم، الخراج، دار المعرفة - بيروت - لبنان، (د.ط)، سنة 1979م.

77. القرضاوي: الدكتور يوسف، فقه الزكاة دراسة مقارنة، مؤسسة الرسالة - بيروت، ط 22 سنة 1994م.

78. القرطبي: أبي عبد الله محمد بن أحمد الأنصاري، الدامع لأحكام القرآن، الهيئة المصرية العامة للكتاب - القاهرة، ط 2 سنة 1987م.

79. قطب إبراهيم قطب، السياسة المالية للرسول صلى الله عليه وسلم، الهيئة لمصرية العامة للكتاب - القاهرة، (د. ط) سنة 1988م.

80. قطب إبراهيم قطب، السياسة المالية لأبي بكر، الهيئة المصرية العامة للكتاب - القاهرة، (د. ط) سنة 1990م.

81. قطب إبراهيم قطب، السياسة المالية لعمر بن الخطاب، الهيئة المصرية العامة للكتاب - القاهرة، (ط.ط) سنة 1984م.

82. قطب إبراهيم قطب، السياسة المالية لعثمان بن عفانن الهيئة المصرية العامة للكتاب - القاهرة، (د.ط) سنة 1986م.

83. قطب إبراهيم قطب، السياسة المالية لعمر بن عبد العزيز، الهيئة المصرية العامة للكتاب - القاهرة، (د.ط) سنة 1988م.

84. القلقشندي: أبو العباس أحمد بن يحيى، صحب الأعشى في صناعة الإنشا، دار الفكر: بيروت، (د.ط) سنة 1987م.

85. القلشندي: أبو العباس أحمد بن يحيى، مآثر الأناقة في معالم الخلافة، طبعة وزارة الثقافة والإرشاد الكويتي - التراث العربي، (د. ط) سنة 1964م.

86. ابن القيم: أبي عبد الله محمد بن محمد بن أبي بكر الزرعي، الطرق الحكمية في السياسة الشرعية، تحقيق محمد حامد الفقي، الرئاسة العامة لهيئة الأمر بالمعروف والنهي عن المنكر – الرياض، (د. ط)، (د.ت).

87. الكتاني: عبد الحي، نظام الحكومة المسمى التراتيب الإدارية، دار إحياء التراث العربي – بيروت، (د.ط)، (د.ت).

88. ابن كثير: أبو الفداء إسماعيل، البداية والنهاية، تحقيق أحمد ملحم وآخرون، دار الكتب العلمية – بيروت، ط 4 سنة 1988م.

89. الماوردي: للإمام أبي الحسن، قوانين الوزارة، حققه ودرسه وعلق عليه الدكتور فؤاد عبد المنعم وزميله، مؤسسة شباب الجامعة – الإسكندرية، ط 3 سنة 1991م.

90. الماوردي: أبي الحسن علي بن محمد بن حبيب، الأحكام السلطانية والولايات الدينية، مطبعة مصطفى البابي وشركاه – مصر، ط 3 سنة 1973م.

91. محب الدين الخطيب، مع الرعيل الأول، المكتبة السلفية – القاهرة، ط 1، (د.ت).

92. محمد أنس جعفر: الدكتور، المبادئ الأساسية للوظيفة العامة في الإسلام، دار النهضة العربية – القاهرة، ط1 سنة 1992م.

93. محمد جواد مغنيه: الدكتور، شرح منهج البلاغة، دار العلم للملايين – بيروت، ط 2 سنة 1978م.

94. محمد رشيد رضا، تفسير المنار، دار المعرفة للطباعة والنشر – بيروت، ط 2، (د.ت).

95. محمد أبو زهرة، التكافل الاجتماعي في الإسلام، دار الفكر العربي – القاهرة، (د.ط) سنة 1984م.

96. محمد سلام مدكور، الدكتور، القضاء في الإسلام، دار النهضة العربية – القاهرة، (د.ط)، (د.ت).

97. محمد ضياء الدين الريس: الدكتور، الخراج والنظم المالية للدولة الإسلامية، مكتبة دار التراث – القاهرة، ط 5 سنة 1985م.

98. محمد عبد الله دراز: الدكتور، المسؤولية في الإسلام، سلسلة الثقافة الإسلامية – القاهرة، (د.ط) سنة 1969م.

99. محمد عبد الله دراز: الدكتور، نظام الحكم والإدارة في الدولة الإسلامية، عالم الكتب – القاهرة، ط 1 سنة 1979م.

100. محمد أبو فارس: الدكتور، النظام السياسي في الإسلام، (د.ن)، (د.م)، (د.ط) سنة 1980م.

101. محمد فاروق النبهان: الدكتور، الاتجاه الجماعي في التشريع الاقتصادي الإسلامي، مؤسسة الرسالة – بيروت، ط2 سنة 1984م.

102. محمد فاروق النبهان: الدكتور، أبحاث في الاقتصاد الإسلامي، مؤسسة الرسالة – بيروت، ط1 سنة 1986م.

103. محمد فؤاد عبد الباقي، المعجم المفهرس لألفاظ القرآن الكريم، د ار الفكر للطباعة والنشر – بيروت، (د. ط) سنة 1981م.

104. محمد كردعلي، الإدارة الإسلامية في عز العرب، مطبعة مصر – القاهرة، (د.ط) سنة 1934م.

105. محمد كمال عطية: الدكتور، نظم محاسبية في الإسلام، مطبعة دار الكتب الجامعية – مصر، (د.ط) سنة 1985م.

106. محمد مبارك: الدكتور، نظام الإسلام – الاقتصاد – ، دار الفكر – بيروت، ط 3 سنة 1981م.

107. محمد ياغي: الدكتور، الرقابة في الإدارة العامة، (د.ن)، (د.م)، ط 2 سنة 1994م.

108. محمد لاشين: الدكتور، التنظيم المحاسبي للأموال العامة في الدولة الإسلامية، دار الكتاب اللبناني – بيروت، ط 1 سنة 1977م.

109. المناوي: زين الدين عبد الرؤوف، التيسير بشرح الجامع الصغير، مكتبة الإمام الشافعي – الرياض، ط 3 سنة 1988م.

110. المنذري: عبد العظيم بن عبد القوي، الترغيب والترهيب، دار الحديث – القاهرة، (د. ط) سنة 1987م.

111. ابن منظور: أبي الفضل جمال الدين، لسان العرب، دار صادر – بيروت، ط 1 سنة 1955م.

112. ميتز: آدم، الحضارة الإسلامية في القرن الرابع الهجري، ترجمة محمد عبد الهادي أبو ريدة، دار الكتاب العربي – بيروت، ط 4 سنة 1967م.

113. النبهاني: تقي الدين، النظام الاقتصادي في الإسلام، دار الأمة للطباعة والنشر – بيروت، ط 4 سنة 1990م.

114. النسائي: أبو عبد الرحمن أحمد بن علي بن شعيب، سنن النسائي، تحقيق مكتب التراث العربي، دار المعرفة – لبنان، ط 2 سنة 1992م.

115. نظام الدين عبد الحميد: الدكتور، العبادة وآثارها النفسية والاجتماعية، مكتبة القدس – بغداد، (د.ط)، (د.ت).

116. النووي: يحيى بن شرف، المجموع شرح المهذب، دار الفكر – بيروت، (د.ط)، (د.ت).

117. النووي: محيي الدين أبو زكريا يحيى بن شرف، صحيح مسلم بشرح الإمام النووي، مؤسسة مناهل الفرقان – بيروت، (د.ط)، (د.ت).

118. النويري: شهاب الدين أحمد بن عبد الوهاب، نهاية الأرب في فنون الأدب، المؤسسة المصرية العامة – وزارة الثقافة والإرشاد القومي – القاهرة (د.ط)، (د.ت).

119. أبو هلال العسكري: الحسن بن عبد الله بن سهل، الأوائل، دار الكتب العلمية – بيروت، ط1 سنة 1987م.

120. ياسين غادي: الدكتور، الأموال والأملاك العامة وحكم الاعتداء عليها، مؤسسة رام للتكنولوجيا والكمبيوتر – مؤتة، ط 1 سنة 1994م.

121. ياقوت الحموي: شهاب الدين أبو عبد الله، معجم البلدان، تحقيق فريد عبد العزيز الجندي، دار الكتب العلمية – بيروت، (د.ط)، (د.ت).

122. أبو يعلى الفراء، الأحكام السلطانية، صححه وعلق عليه محمد حامد الفقي، دار الكتب العلمية – بيروت، (د.ط) سنة 1983م.

123. يوسف إبراهيم يوسف: الدكتور، النفقات العامة في الإسلام، دار الثقافة للطباعة والنشر – قطر، ط 2 سنة 1988م.

124. أبو يوسف: يعقوب بن إبراهيم، الخراج، دار المعرفة للطباعة والنشر – بيروت، (د.ط) سنة 1979م.

الأبحاث والرسائل

1. حسن حسين محمود، رقابة الدولة على سوق السلع والخدمات في الإسلام، رسـالة ماجسـتير، مركـز الدراسات الإسلامية – جامعة اليرموك سنة 1989م.

2. حسـين ريـان، الرقابـة الماليـة في الشريـعة الإسلامية، رسـالة ماجسـتير، كليـة الشريـعة – الجامعـة الأردنية، 1994م.

3. زكريا القضاه: الدكتور، بيت المال في عصر الرسول صلى الله عليه وسلم، بحث مقدم إلى نـدوة ماليـة الدولـة في صدر الإسلام، مركز الدراسات الإسلامية – جامعة اليرموك، نيسان 1987م.

4. سامي رمضان: الدكتور، الميزانية العامة في الدولة الإسلامية، بحيث مقدم إلى ندوة ماليـة الدولـة في صدر الإسلام، مركز الدراسات الإسلامية – جامعة اليرموك، نيسان 1987م.

5. محمد طاهر عبد الوهاب: الـدكتور، الرقابـة الإداريـة في النظام الإداري الإسلامي، بحـث قـدم إلى وقائع ندوة النظم الإسلامية – أبو ظبي، مكتب التربية العربي لدول الخليج، نوفمبر 1984م.

6. محمد عبد الحكيم زعير، العلاقة بين الرقابة الشرعية والرقابة المالية في المؤسسات الإسلامية، بحـث في مجلة الاقتصاد الإسلامي يصدرها قسم البحوث والدراسات الاقتصادية – بنك دبي الإسلامي.

العدد 183 يوليو 1996م.

العدد 187 السنة الحادية عشر نوفمبر 1996م.

7. محيي الدين طرابزوني: الدكتور، النظام المالي الإسلامي، بحث مقدم إلى ندوة النظم الإسلامية – أبو ظبي، مكتب التربية العربي لدول الخليج، نوفمبر 1984م.

8. مصطفى أمين الدكتور، تنظيم الدواوين المالية وإدارتها في صدر الإسلامية، بحث مقدمة إلى ندوة مالية الدولة في صدر الإسلام،، مركز الدراسات الإسلامية – جامعة اليرموك، نيسان 1987م.

9. منذر قحف: الدكتور، الإيرادات العامة في صدر الدولة الإسلامية، بحث مقدم إلى ندوة مالية الدولة في صدر الإسلام، مركز الدراسات الإسلامية – جامعة اليرموك، نيسان 1987م.

10. نعيم نصير: الدكتور، المنظور الإسلامي والوضعي للرقابة على الإدارة العامة، بحث في مجلة جامعة الملك سعود – الرياض العلوم الإدارية (1)، المجلد الثالث عام 1991م.

11. يوسف إبراهيم يوسف: الدكتور، الرقابة على الأموال العامة في الإسلام، بين الفكر الوضعي والفكر الإسلامي، بحث في حولية كلية الشريعة والقانون والدراسات الإسلامية – جامعة قطر، العدد الثاني عشر سنة 1994.

انتهى بحمد الله وشكره

Printed in the United States
By Bookmasters